对称理论的实战法则

实战法则

投机市场高抛低吸的一号法则

冷风树◎著

北方联合出版传媒（集团）股份有限公司

万卷出版公司
VOLUMES PUBLISHING COMPANY

ⓒ 冷风树 2010

图书在版编目（CIP）数据

对称理论的实战法则：投机市场高抛低吸的一号法则／冷风树著. -- 沈阳：万卷出版公司，2010.2

（引领时代）

ISBN 978-7-5470-0702-0

Ⅰ.①对… Ⅱ.①冷… Ⅲ.①股票—证券投资—基本知识 Ⅳ.① F830.91

中国版本图书馆 CIP 数据核字（2010）第 023409 号

出 版 者	北方联合出版传媒（集团）股份有限公司
	万卷出版公司（沈阳市和平区十一纬路 29 号　邮政编码　110003）
联系电话	024-23284090　　**电子信箱**　vpc_tougao@163.com
印　　刷	北京鹏润伟业印刷有限公司
经　　销	各地新华书店发行
成书尺寸	165mm × 245mm　　**印张**　17
版　　次	2010 年 4 月第 1 版　2010 年 4 月第 1 次印刷
责任编辑	李文天　　**字数**　130 千字
书　　号	ISBN 978-7-5470-0702-0
定　　价	42.00 元

目 录
CONTENTS

对称理论的实战法则

上 篇　对称理论技术分析精粹

下 篇　对称理论交易理念精粹

上 篇

对称理论技术分析精粹

第一章　如何利用对称理论的时间对称性确定行情涨跌的周期？

Chapter1

　　在自然界中，没有一种物质和事物可以脱离对称性而独立发展的。凡是有着固定的形的东西，都具备了对称性，而缺乏了对称性一切都将失去"形"。

　　行情波动起落涨跌互动交错，不断地重复着以前的轨迹，于是大循环也就必然出现了。

　　中美洲的玛雅人和古以色列人，他们都懂得并观察到灾难和恢复的50～60年之间的大循环。在20世纪20年代，俄国经济学家尼古拉·康德拉蒂耶夫（Nikolai Kondratieff）根据有限的数据，证明了现代资本主义国家的各种经济循环，往往会重复一种持续半个多世纪的扩张与收缩循环，形成经济趋势与社会趋势的"长波"。如图1-0-1所示，图中显示了1880年～2000年的康德拉蒂耶夫循环及其商品价格的关系的理想化概念。图1-0-2则显示了高价区铜的时间与价格的循环规律。

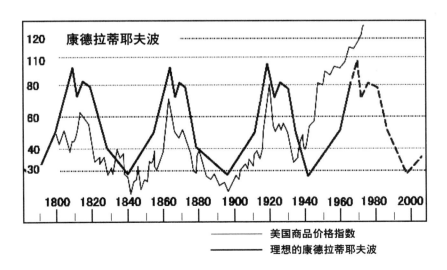

图1-0-1

铜的时间与价格的循环规律

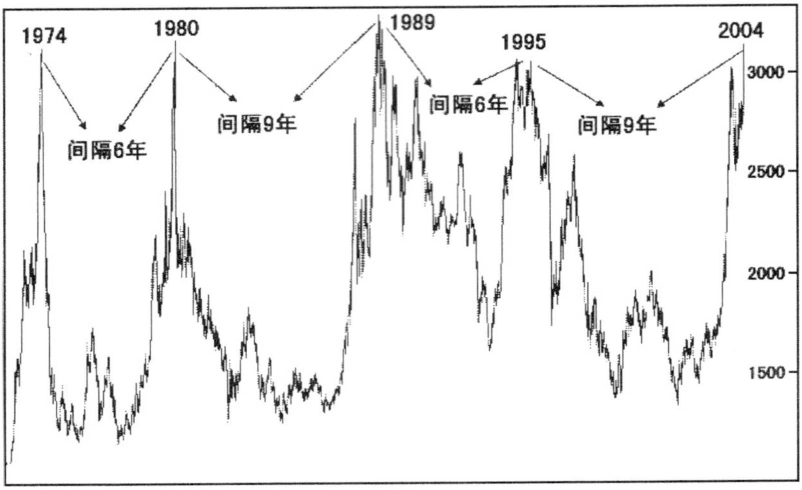

图1-0-2

在期货波动循环的分析中，50～60年的长期波动循环无疑是影响最大的循环周期。支持50～60年波动周期的实例有欧洲的小麦价格。小麦的这个价格周期循环，最初是由拉瑞·班瑞德（Lorn Beveridge）通过回溯350年的小麦价格所得出的一个结论，大约在19世纪中叶提出。然后在1963年，由E.R.戴维（E.R.Dewey）验证了接近500年的小麦价格，再次进行肯定。后来更多研究者对更多的经济循环研究得出，54年长期周期循环是最具有代表性的一个长期波动的周期表现。

最具有中期波动代表性的周期波动循环为25～27年的循环。25～27年的循环也是一个重要的经济循环周期。其次就是15～20年的循环，这个周期的循环比25～27年的中期波动循环和50～60年的长期波动循环更加重要。E.R.戴维曾经指出，大约有100种以上的自然、社会、经济现象都在遵循15～20年的循环，其中包括小麦价格、咖啡价格、木材价格、股价、利率、商业、人口、太阳黑子等。

此外生物学家们还发现，整个自然界都遵循7日周期，从微生物和简单生物到所有的哺乳动物，包括人类也是如此。在盘尼西林开始使用之前，医生们就已经非常清楚，患肺炎和疟疾的人在生病后的第7天左右是最危险的时期。因为人类的血压、体温和心搏都显示出一周节律，身体的免疫系统似乎每7日就会变弱一次。至今所有的做器官移植手术的外科医生都知道，他们的病人在术后其免疫系统最可能在7日周期内排斥移植的新器官。

再则在自然界中，一年四季中的季节变化，则是时间周期的最好表现。一年中有365日，365日又分为春夏秋冬四个季节、12个月以及24个节气和52个周，其中每个季节3个月，每个月30天，每个月约4周，每周7天。

通过这些实例可以得出一个结论，所有事物的确都会在一个特定的周期之内开始发生变化，虽然有些周期并不是特别精确。比如一年有时候是365天，有时候是366天。如果按照天文学的360°计算，每天运行1°的话，那么地球每年都会有5～6天的时间误差。同样，一年四季的季节交替和每个节气的交替，也并不一定都在交接的那一天出现明显的气温变化。即使在同一个周期当中发生应有的气温变化，今年的气温和明年的气温在同一天也不是毫无差别的。即，所有周期都是在周期所限定的时间之内发生其应有的相同变化，但变化程度却是不可精确测量的，人们所能够测量的只是一个"框架"而已，相同的"框架"往往发生着相同的变化。我们只能知道一个相同的概念性的结果，而不可能精确地量化其每一个具体的变化细节。因为自然界的一切都在遵循时间周期有秩序地发生变化，所以所有事物这一次的变化，也必然成为测量下一次变化的标准。这样，周期对称性也就自然而然地成立了。虽然如此，但所有的事物变化都遵循着测不准原理，无法精确测量，也不是靠改良测量技术就能够解决的。

◎ **周期与波长的扩张与收缩**

研究了多年的各种名目的分析著作，在现实中，我发现金融市场中同样具有对称性，这种对称性也同样符合这种规律。金融市场中的波动正是从一个"因"通过波动的形式向"果"传送力量的过程。波动是必然的，但从因到果的方向一旦确立，波动的方向就不会轻易改变，这就是交易者所言的趋势。趋势在运行当中必须依靠波动才能够向"果"传递市场力量，但波动的本身则是随机的、不可测的，与量子和电子、粒子一样遵守测不准原理。

在长时间的观察和研究中，我发现每一次指数的上涨和下跌都不是孤立的，而是相互有着密切的对称关系，这一次行情上涨的周期和幅度，关乎下一次同一行情的周期和幅度，所不同的只是上涨时所延续的角度和力度。

比如，这一次某一指数上涨了48日，那么下一次上涨的日期就应该也是48日左右，如果行情的走势较弱，这次行情的运行时间就可能会是上一次上涨行情时间的1/2、1/3、2/3，即24日、16日、32日。如果超过这个天数，大多数情况下是以整数倍数或以整数倍数加48的1/2的天数、1/3的天数、2/3的天数递增，即72日、64日、80日等。如果行情强劲，则大多数情况以倍数递增，比如48日、96日、144日等（但在实际中，我们把它们换算成周和月，也可以直接采用周线和月线）。

我还发现，在一波下跌的行情中，本次行情的时间和指数上涨的日期，如果仅达到上一次行情上涨的1/2和1/3以下，或根本就达不到上一波行情运行时间的1/3就开始反转下跌，那么创出新低的可能性就会很大。如果行情运行时间未到达1/3就反转，下跌创出新低的可能性，要比行情在1/2处的可能性更大。如图1-1-1中所示。

从该图中，我们可以看到，上涨行情AB的运行时间是12周，CD行情的运行时间是6周，CD行情的运行时间达到AB行情运行时间的1/2，后面出现了另一波下跌，且创出了新低。

相反，如果行情虽然到达上一波行情的1/3处和1/2处下

图1-1-1

跌，但并未创出新低就反转向上，并且新行情的涨幅又大于前一波相同行情的1倍以上，大多数情况下，意味着行情会有新的转机，如图1-1-2中所示。

从该图中，我们可以看到，上涨行情AB的运行时间是11日，CD行情的运行时间是4日，CD行情的运行时间没有达到AB行情运行时间约为1/3。后面出现了另一波下跌，但并未创

图1-1-2

出新低就触底反弹，行情反转向上步入涨势。

下面的这种行情走势形态，则与上一种形态的作用是一样的，都是用来确认行情是否反转的一种形态。这种形态的走势就是：周期收缩。即行情走势如果没有延续其上一波行情的整数倍数或大于整数倍数延伸，而是小于原行情上涨的周期，即为周期收缩。自产生周期收缩开始，行情反转上涨或下跌的周期，又大于前一波上涨和下跌的时间和幅度，出现行情延伸的形态，即为周期扩张。行情在下跌时遇到周期收缩的走势形态，通常就是一个反转向好的机会信号，说明下跌的力量在逐日缩小。而行情在上涨时遇到这种情况，通常都是一个反转向下的危险信号，这意味着上涨的力量在逐日缩小。同样的道理，行情在下跌时若遇到周期扩张的形态时，则是一个危险信号，这说明行情下跌的力量在逐日增加。而上涨时遇到周期扩张的形态时，则是一个机会信号，这说明行情上涨的力量在逐日增加。如图1-1-3和图1-1-4中所示。

从图1-1-3中，我们可以看到，行情处于下跌走势中，下跌行情AB的运行时间是12日，CD行情的运行时间是6日，CD行情的运行时间是AB行情运行时间的1/2，出现了下跌周期收

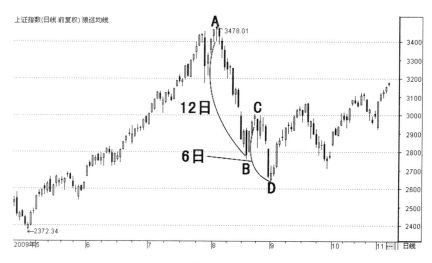

图1-1-3

缩现象，行情反转向上。

我们再来看一下图1-1-4。

图1-1-4

从上面的图示中，我们可以看到，上涨行情AB的运行时间是14周，而CD行情的运行时间是7周，CD行情的运行时间是AB行情的1/2，行情形成了上涨周期收缩现象，之后，行情出现了一波大幅度的下跌。

上面我们讲述了周期收缩形态，接下来我们再讲周期扩张形态。

与周期收缩形态相对应的就是周期扩张形态，周期扩张形态是指：本轮行情的走势周期大于前一波行情的走势周期，这通常都是行情走势力量加强的形态。如图1-1-5和图1-1-6所示。

我们可以看到，图1-1-5属于上涨中的周期扩张走势形态。上涨行情AB的运行时间为6日，行情CD的运行时间则为12日，是AB行情运行时间的两倍。

图1-1-6则属于下跌中的周期扩张走势形态。下跌行情AB的运行时间为9日，行情CD的运行时间则为18日，也是AB行情运行时间的两倍。

图1-1-5

图1-1-6

　　除了周期的收缩和扩张之外，还有第三种形式，那就是强势形态和弱势形态。强势形态是指：行情上涨的运行周期较上一波的上涨的运行周期相同或小于上一周期，但其运行的幅度波长却大于上一波行情。如图1-1-7和图1-1-8中所示。

　　我们可以看到，图1-1-7属于强势上涨的走势形态。上涨

图1-1-7

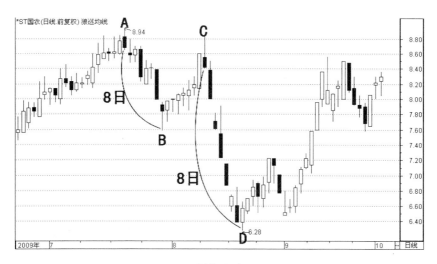

图1-1-8

行情AB的运行时间为12周，行情CD的运行时间也是12周，但CD行情的运行波长明显强于AB行情的运行波长。

图1-1-8则属于强势下跌的走势形态。下跌行情AB的运行时间为8日，行情CD的运行时间也是8日，但CD行情的下跌波长明显强于AB行情的运行波长。

换言之，如果行情上涨无力，则行情就会出现上涨收缩的现象，即使其运行的时间和上一次上涨的运行时间相近，但指数的涨幅必然小于上一波上涨行情的幅度，即上涨的波长明显小于上一波行情的上涨波长。如果出现这种走势形态，特别是在不断下跌的熊市中，则意味着行情仍不乐观，行情下跌的概率依然很大，一旦下跌将会较为迅猛。其原因就是目前买入的力量无法消化在上一波行情中买入的套牢杀跌盘。如图1－1－9所示。

图1－1－9

从上面的图示中，我们可以看到，上证指数的下跌趋势中，AB行情的运行时间为11日，CD行情的运行时间也是11日。在时间上，CD行情的运行时间与AB行情上涨的运行时间相近，但CD行情上涨的幅度却小于AB行情，即两者虽然在上涨的时间上相同，但CD行情的上涨力度明显偏弱，出现了"上涨波长收缩"的弱势信号，所以后面的行情持续下跌。我们再来看一下图1－1－10中所示的另一段行情走势。

从图1－1－10的下跌行情中，我们可以看到，上涨行情AB的运行时间为18日，CD行情的运行时间是12日。在时间上，CD行情的运行时间是AB行情运行时间的2/3，并且行情CD上

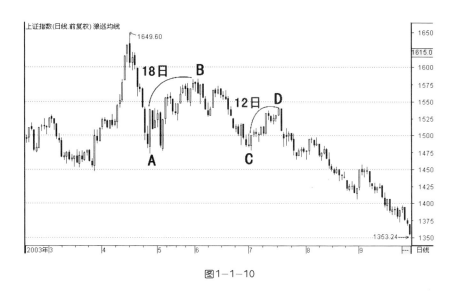

图1-1-10

涨的幅度也小于AB行情，上涨的力度明显偏弱，出现了上涨"周期收缩"的弱势信号，所以也出现了后面的大跌行情。

从上面的图示中，我们可以看到，无论是"上涨波长收缩"还是"上涨周期收缩"，或者是"上涨的波长和周期同时收缩"，都属于行情将持续下跌趋势的信号。当市场发出这样的信号时，无论买入建仓，还是继续持有仓位，都不是明智的选择。

同样，如果行情的上涨角度与上一波行情的上涨角度相近，或小于上一波行情的上涨角度（较上一波行情的运行角度更为陡峭），但行情上涨的时间周期和幅度波长却不到上一波行情的1/2，甚至连1/3都不到，就出现了下跌信号。这样的行情也意味着后市不佳，一旦下跌很有可能创出新低，属于明显的泡沫行情。如图1-1-11所示。

图1-1-11中，AB行情的上涨时间为96天，而CD行情的上涨时间却只有10天左右，并且上涨的幅度也不到AB行情的1/2，仅为AB行情的1/3左右，行情的周期和波长都出现了收缩，行情才会出现持续下跌的走势，并创出新低。这种下跌趋势中的小幅急涨行情，属于明显的泡沫行情。股票、股指期

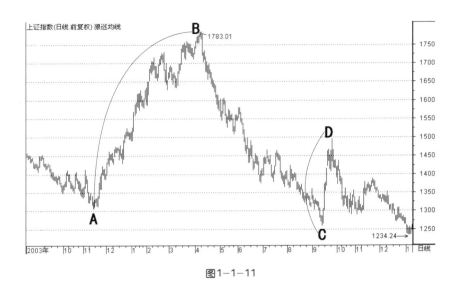

图1-1-11

货、商品期货等都不适宜大举建多。行情的反转，只有在行情的涨幅到达1/2平分线或1/3平分线下方遇阻，并再次下跌，但并没有创出新低就开始再次上涨，且上涨的周期、幅度和波长又大于先前上涨行情的周期、幅度和波长，出现强势扩张时，才敢于确认行情有可能要反转了。更多内容我们在后面有专门的叙述。我们先来看一下图1-1-12。

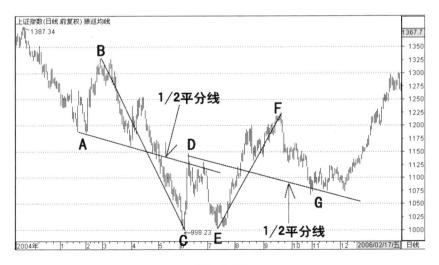

图1-1-12

在上面的图示中，线段AD是下跌行情BC的1/2平分线，线段DG为行情EF的1/2平分线。行情CD的上涨幅度和波长与行情AB的上涨幅度和波长相近，但因为行情CD上涨到D处时遇到1/2平分线AD的下压，导致行情重新下跌。但是行情DE在下跌的过程中，并没有创出新低就开始上涨，行情EF的上涨幅度又大于行情CD的上涨幅度，超过1/2平分线AD，不再受其压制。我们还可以看到，行情EF的上涨周期明显大于行情CD的上涨周期，实际上CD行情的运行周期是4日，而EF行情的运行周期是28日左右，是CD行情周期的7倍，行情出现了上涨扩张的形态。接下来，我们又可以看到，当行情FG又开始下跌时，在G处遇到了1/2平分线DG的托底，在1/2平分线上方得到支撑，所以行情出现转势，牛市成立。因为受篇幅的限制，有关平分线反转等信号的确定，我们留在后面的章节中专门讲述。

◎ 对称理论的时间对称关系

在上面，我们简单地谈了一下对称理论的时间对称，也提出了对称理论与其他理论的周期对应关系不同。对称理论的时间周期对应关系是：用上一波上涨行情的时间对应这一波上涨行情的时间周期，来确定这一波上涨行情的时间周期；用上一波下跌行情的时间对应这一波下跌行情的时间周期，来确定这一波下跌行情的时间周期。我们先来看一下图1－2－1至图1－2－7中上证指数和深证成指的时间对称依从关系。

先看图1－2－1中上证指数的月线图的时间周期对应关系。

从上面的图示中，我们可以看到，上证指数的第一波上涨行情从1990年12月开始从A处到B处上涨了18个月左右。第二波上涨行情从C处到D处上涨了约6个月，第二波上涨行情的运行时间约是第一波的1/2。行情EF的上涨时间约为3个月，EF行情约是CD行情的1/2。GH行情上涨了约7个月，约是EF的2倍。IJ行情运行了约15个月，约是GH行情的2倍。KL行情运行了约8个

图1-2-1

月，约是IJ行情的1/2。MN行情运行了约4个月，约是KL行情的1/2。OP行情上涨了约18个月，是MN行情的4 ½。

　　注：行情的运行起点，未必一定要以最低点和最高点为基础，也可以从开始上涨的周、月开始计算，允许有一定的误差。比如23、25、22周/月，有可能就是以24周/月为标准，34、35、37、38周/月有可能就是以36周/月为标准，所以在计算的时候，交易者应该灵活看待。

　　接下来，我们再看图1-2-1中上证指数月线图下跌行情之间的时间对应关系。

　　上证指数的下跌行情从B处到C处行情运行了约6个月，DE行情运行了约18个月，是BC行情的3倍左右。FG行情的运行时间是6个月左右，约是DE行情的1/3。HI行情的运行时间约6个月，与FG行情相近。JK行情的运行也是大约6个月，与HI行情类似。LM行情运行了约9个月，约是JK行情的1.5倍。NO行情运行了约6个月，是LM行情的2/3。

　　在图1-2-1之后的上涨行情，我们再来看一下上证指数后面的行情，是不是依然遵循着这种相互对应的关系。如图1-2-2所示，上证指数1998年12月以后的月线行情走势图。

图1-2-2

从上面的图示中，我们可以看到，OP行情的上涨时间运行了约18个月，QR行情的运行时间约6个月，是OP行情的1/3。ST行情运行了约4个月，是QR行情的2/3。UV行情运行了约6个月，是ST行情的$1\frac{1}{2}$。

继续看下跌行情的走势对应关系。

PQ行情的下跌时间运行了约9个月，是NO行情的$1\frac{1}{2}$。RS下跌行情运行了约6个月，是PR的2/3。TU行情运行了约6个月，与RS行情类似。VW行情则运行了16个月，约是TU行情的$2\frac{2}{3}$。

从上例中，我们对每波行情逐个地验证，误差基本上没有太大的出入，只是行情的幅度（波长）有些出入而已。

在上面的图示中，可能有些读者会发现一个问题，那就是2005年之后行情的走势出现了陡直的上涨形态，似乎破坏了原先的时间对称性。不要急，下面我们就来看一看，它是不是真的脱离了对称理论1/3、1/2、2/3的对应关系。如图1-2-3中所示。

从上面的图示中，我们可以看到，上证指数中上涨行情AB的运行时间为84个月，而行情CD的运行时间是28个月，CD行

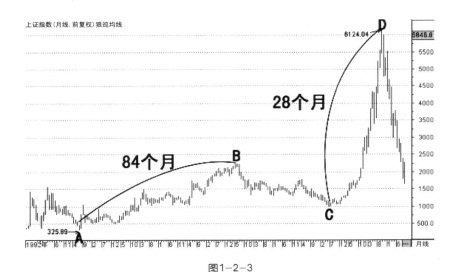

图1-2-3

情的运行时间是AB行情的1/3。而且，AB行情的波长与CD行情的波长相近，时间与幅度波长的对称性都成立了，形成了时间和空间上的统一（共振）。这就是对大周期的波动周期的判断方法，在后面也会有专门的论述。

对称理论的时间对称性，在月线上有效，在45日季线中是否有效呢，其效果如何？我们下面就来看一下上证指数的45日季线图。如图1-2-4中所示。

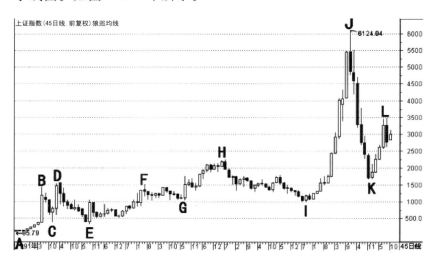

图1-2-4

　　从上面的图示中，我们可以看到，上涨行情AB的运行时间约是9个季度，CD行情的运行时间约为3个季度，CD行情的运行时间约是AB行情的1/3。EF行情的运行时间为16个季度左右，约是CD行情的5倍。如果用大周期对称法，其前一波上涨行情AD的运行时间约为13个季度，后面的上涨行情EH的运行时间是39个季度，是AD行情的运行时间的3倍。

　　我们继续看上涨行情GH的运行时间。

　　GH行情的运行时间为12个季度，约为EF行情的2/3。而行情IJ的运行时间则为12个季度左右（以最高点计算是13个季度），约等于GH行情。

　　我们再来看下跌行情的时间对应情况。

　　下跌行情BC的运行时间是4个季度，DE行情的运行时间约是8个季度，是BC行情的2倍。FG行情的运行时间约是11个季度，约是DE行情的1⅓。HI行情的运行时间约为22个季度，是FG行情的2倍。行情JK的运行时间则为7个季度左右，约为行情HI的1/3。

　　从下面的对称中，我们不难看出，上证综指在45日线行情的走势变化中，波动率大约是以6个月为标准的。

　　我们再来看一下深证成指月线的上涨和下跌的时间对称依从关系。如图1-2-5至图1-2-7中所示。

　　首先来看上涨行情之间的时间对应关系。

　　从下面的图示中，我们可以看到，深证成指的第一波上涨行情从1991年9月开始，从A处到B处上涨了8个月左右。第二波行情从C处到D处上涨了约4个月，第二波行情运行时间约是第一波的1/2。行情EF的上涨时间约为3个月，约是CD行情的1/3。GH行情上涨了约16个月，约是EF行情的5倍。但如果用大周期的方法来确定，行情从最低点A处到最高点D处才是一轮行情的终结，而实际上AD行情的运行时间也为16个月左右，两者的运行时间基本一致。

　　再用大周期来看一下IL行情的运行时间。

图1-2-5

图1-2-6

从图中，我们可以看到IL行情的运行时间实际上到最高点是24个月，是GH行情的$1\frac{1}{2}$。

接下来，我们继续看KL行情的运行时间。

从图中，我们可以看到KL行情的运行时间为16个月左右，约是IJ行情的4倍（从最低点为8倍，从收盘价最低点是4倍）。MN行情运行了约6个月，约是KL行情的1/3。OP行情运行了约6个月，与MN行情的运行时间基本一致。QR行情的运行时间是

6个月左右，与OP行情的运行时间一致。ST行情的运行时间则是24个月左右（实际上是23个月），是QR行情的4倍。

我们再用大周期对称法来看一看，图1-2-5和图1-2-6中这两段行情结合起来之后的走势情况。如图1-2-7中所示。

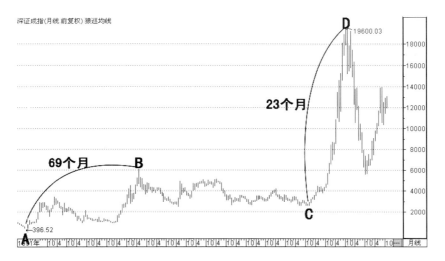

图1-2-7

从上面的图示中，我们可以看到行情AB的运行时间是69个月左右，而行情CD的运行时间则是23个月左右，约是AB行情的1/3，基本符合时间对称法则。

接下来，我们再看图1-2-5和图1-2-6中深证成指月线图中的下跌行情之间的时间对应关系。

深证成指的下跌行情从B处到C处运行了约6个月，DE行情运行了约18个月，DE行情运行时间是BC行情的3倍左右。FG行情的运行时间大约也是18个月，与行情DE的运行时间基本一致。HI行情的运行时间是约24个月，约是FG行情的$1\frac{1}{3}$。JK行情的运行时间大约8个月，大约为HI行情的1/3。LM行情运行了约9个月，与JK行情的运行时间基本一致。NO行情运行了约6个月，是LM行情的2/3。PQ行情的运行时间约为6个月，与NO行情的运行时间基本一致。RS行情的运行时间约20个月，约是PQ行情运行时间的4倍。

从上面的对称行中不难看出，深证成指在月线行情的走势变化中，其波动率大约也是以6个月为标准的。

我们再来看深证成指的45日线图行情，是不是依然遵循这种相互对应的关系呢？我们先看一下图1-2-8中，深证成指1991年11月以后的45日线图行情的走势图。

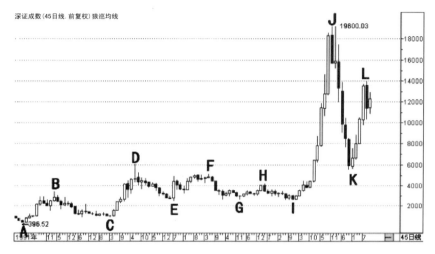

图1-2-8

从上面的图示中，我们可以看到，上涨行情AB的运行时间是9个季度左右，CD行情的运行时间约为8个季度，与AB行情的运行时间基本一致。EF行情的运行时间约为11个季度左右，约是CD行情的 $1\frac{1}{3}$（或1/2）。GH行情的运行时间为8个季度，约为EF行情的2/3。而行情IJ的运行时间则为12个季度左右，是GH行情的 $1\frac{1}{2}$。

我们再来看下跌行情。

下跌行情BC的运行时间约为15个季度，DE行情的运行时间约是10个季度，约是BC行情的2/3。FG行情的运行时间约为10个季度，与DE行情的运行时间基本一致。HI行情的运行时间约为9个季度，也与FG行情的运行时间基本一致。行情JK的运行时间则为6个季度左右，约为HI行情的2/3。

在实际应用的过程中，你可能会碰到一些并不太标准的时间对称关系，但不要紧，因为后面我们还有空间的对称来弥补这种不足，以提高对称理论的准确率。更重要的是，在运用对称理论的过程中，你应该注意灵活地确定时间的运行周期，并随时留意本轮行情的运行周期有可能会与哪个周期相对称。比如我们目前的行情运行时间是9周，而上一波行情的运行时间是20周，我们如何确定这轮行情是继续运行还是要停止了？关键是要看行情是否能够再创出新高或新低，如果不能够再创出新高或新低，我们就可以确定9周大约就是20周的1/2。

除了通过行情能否创新高或新低进行判断之外，我们还会根据一些指标信号来确定行情反转之后的买卖点，这些我们会在后面的章节中专门讲述。不过，为了让你减少顾虑，顺利地进行下去，我会先给你一点提示，那就是当时间对称出现误差的时候，你应该再看一下空间对称关系，看一看空间上的对称性有没有形成，并用波动率和交易信号来确定目前的走势是不是形成了对称关系，以及与哪个周期的波动率相对称。

◎ 市场短期日线时间对称

在上面的章节中，我们提出了对称理论中的时间对称性及其计算的方法。在这一节中，我们就来进一步验证对称理论的时间对称在日线中的应用情况，来加强你对时间对称的认识，提高你的运用水平。

在这一节中，我们全部用招商轮船（601872）的日线图，按每个周期来检验其时间上的对称性，看一看其日线图中的时间对称效果如何。我们先来看一下图1-3-1。

我们先来看上涨行情的对称情况。图1-3-1是招商轮船（601872）2006年1月～2006年8月的日线行情走势图。

从下面的图示中，我们可以看到招商轮船（601872）的行情自AB开始运行了5个交易日左右，行情CD的运行时间是6个交易日左右，CD行情和AB行情的运行时间基本一致。EF行情的运行时间是9个交易日左右（如果从最低点应该是10日），约

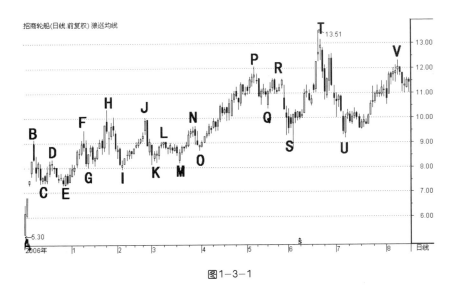

图1-3-1

是CD行情的两倍。GH行情的运行时间是9个交易日，与EF
行情的运行时间基本一致。IJ行情运行的时间约是12个交易
日，约是GH行情的$1\frac{1}{3}$。KL行情的运行时间是6个交易日，
是IJ行情的1/2。MN行情的运行时间是8个交易日，我们可
以把它看成是KL行情的$1\frac{1}{3}$。OP行情的运行时间是25个交易
日，约是MN行情的3倍。QR行情是个收缩行情，运行了4个
交易日左右，连OP行情的1/3都未达到，并未成型，所以，
我们只能采用大周期对称法，用行情ST的运行时间来与之对
比。从图中我们可以看到，ST行情的运行时间是12个交易
日，约是OP行情的1/2。UV行情的运行时间是24个交易日，
是ST行情的2倍。

从上面的对应关系中，我们可以看到，招商轮船
（601872）自2006年1月～2006年8月的日线上涨对称关系基本
成立。

我们再来看一下这一段行情的下跌对称性。

下跌行情BC的运行时间是6个交易日左右，DE行情的下跌
时间也是6个交易日左右，两者的运行时间基本一致。FG行情
的运行时间是3个交易日，是DE行情的1/2。HI行情的运行时间

大约是6个交易日，是FG行情的2倍。JK行情的运行时间是3个交易日，是HI行情的1/2。LM行情的运行时间是7个交易日，约是JK行情的2倍。NO行情的运行时间是3个交易日，约是LM行情的1/2。PQ行情的运行时间约是6个交易日，约是NO行情的2倍。RS行情的运行时间是9个交易日左右，约是PQ行情的1½。TU行情的运行时间是12个交易日左右，约是RS行情的1⅓。

从上面的对应关系中，我们可以看到，招商轮船（601872）自2006年1月～2006年8月的日线下跌对称关系基本成立。

我们再来看一下，招商轮船（601872）2007年7月～2007年12月的日线走势图中的时间对称关系。如图1-3-2中所示。

图1-3-2

我们先来看下跌行情的对应关系。

从上面的图示中，我们可以看到，招商轮船（601872）的下跌行情自AB开始运行了12个交易日左右，CD行情运行的时间是6个交易日左右（也可以看成是4个交易日），是AB行情的1/2（如果按4个交易日计算，就是1/3）。EF行情的运行时间是5个交易日左右，与CD行情的运行时间基本一致。GH行情的运行时间也是5个交易日左右，与EF行情的运行时间基本一致。IJ行情的运行时间是9个交易日左右，约为GH行情的2倍。KL行情的运行时间约为9个交易日，与IJ行情的运行时间基本一致。

从上面的对称关系中，我们可以看到，招商轮船（601872）自2007年7月～2007年12月的日线下跌对称关系基本成立。

我们再来看上涨行情的对应关系。

从上面的图示中，我们可以看到，行情BC的运行时间是24个交易日左右，DE行情的运行时间是16个交易日左右，是BC行情的2/3。FG行情的运行时间是5个交易日左右，约是DE行情的1/3。HI行情的运行时间是9个交易日左右，约为FG行情的2倍。JK行情的运行时间是6个交易日（也可以看成是5个交易日），是HI行情的2/3（如果看成5个交易日就是1/2），LM的运行时间是6个交易日，与JK行情的运行时间基本一致。

从上面的对应关系中，我们可以看到，招商轮船（601872）自2007年7月～2007年12月的日线上涨对称关系基本成立。

我们再来看招商轮船（601872）后面的行情时间运行的对称性。如图1－3－3中所示。

图1－3－3

图1-3-3是招商轮船（601872）2007年9月～2008年3月的日线走势图。

从上面的图示中，我们可以看到，上涨行情AB大周期的运行时间是18个交易日左右（实际上是19个交易日），CD行情的运行时间则是36个交易日左右（实际上是35个交易日），约是AB行情的2倍，时间对称关系基本成立。EF行情的运行时间是9个交易日左右，不到CD行情的1/3，属于周期收缩行情。但接下来，我们又会看到，GH行情的运行时间是6个交易日，是EF行情的2/3。

从上面的对应关系中，我们可以看到，招商轮船（601872）自2007年9月～2008年3月的日线上涨对称关系基本成立。

下跌行情的时间对称性又怎么样呢?

从图中，我们可以看到，下跌行情BC的运行时间约是30个交易日，DE行情的运行时间约为15个交易日，约是BC行情的1/2。FG行情的运行时间约5个交易日，大约是DE行情的1/3。HI行情的运行时间是12个交易日左右，是FG行情的2倍。

从上面的对应关系中，我们可以看到，招商轮船（601872）自2007年9月～2008年3月的日线下跌对称关系基本成立。

我们再来看一下大周期的时间对称性，如图1-3-4中所示。

图1-3-4是招商轮船（601872）2007年11月～2008年5月的日线行情走势图。

从下面的图示中，我们可以看到，下跌行情AB的运行时间约为15个交易日，CD行情的运行时间为52个交易日，约为AB行情的 $3\frac{1}{2}$，下跌对称基本成立。

再看上涨行情BC与DE的时间对称关系。BC行情的运行时间约为35个交易日，DE行情上涨的运行时间为21个交易日左右，大约是BC行情的2/3。

图1-3-4

接下来，我们再来看一下其后面的行情走势如何。如图1-3-5所示。

先来看上涨行情。

从下面的图示中，我们可以看到，上涨行情AB运行的时间是21个交易日，CD行情运行的时间是14个交易日，约是AB行情的2/3。EF行情的运行时间约为7个交易日，约是CD行情的1/2。

图1-3-5

再看下跌行情。

下跌行情BC的运行时间为32个交易日，DE行情运行的时间约为48个交易日（从最高点计算是50个交易日），为BC行情的1½。

接着上面的行情走势，我们再来看一下招商轮船（601872）2008年8月～2009年3月之间的日线行情走势图。如图1-3-6所示。

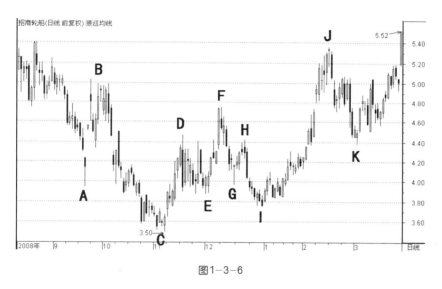

图1-3-6

在图1-3-5中，我们知道了图1-3-6中BC行情的前一波下跌运行的时间约是48个交易日，而在图1-3-6中BC行情的运行时间则是24个交易日左右（实际上是25个交易日），大约是上一波行情的1/2。DE行情的运行时间是8个交易日左右（实际上是9个交易日），约为BC行情的1/3。FG行情运行的时间为6个交易日左右，约为DE行情的2/3。HI行情的运行时间是9个交易日左右，约为FG行情的1½。JK行情的运行时间为12个交易日，约为HI行情的1⅓。

我们再用大周期对称法来对比一下。

下跌行情BC的运行时间是24个交易日左右，FI的运行时间为16个交易日左右，约为BC行情的2/3。JK行情的运行时间为

12个交易日，是FI行情的3/4。

上面我们看了招商轮船（601872）2008年8月～2009年3月的下跌走势对称情况，接下来，我们再看上涨走势的对称情况。

从图中我们看到，上涨行情AB的运行时间是9个交易日左右，CD行情的运行时间也是9个交易日左右，与AB行情的运行时间基本一致。EF行情的运行时间是6个交易日左右，是CD行情的2/3。GH行情的运行时间是5个交易日左右，与EF行情的运行时间大致相同。IJ行情的运行时间约为25个交易日（实际上是27个交易日），为GH行情的5倍。

我们再用大周期对比的方法来看一下IJ行情与CF行情的时间对应关系。

从图中，我们可以看到CF和IJ行情的运行时间都约为23个交易日，两者的运行周期基本上相差无几。

从上面的图示中，我们可以看到，招商轮船（601872）已经从2008年11月的最低点3.50元开始反转向上，步入牛市走势之中了。

我们继续来看其后市的走势。如图1-3-7和图1-3-8中所示。

图1-3-7

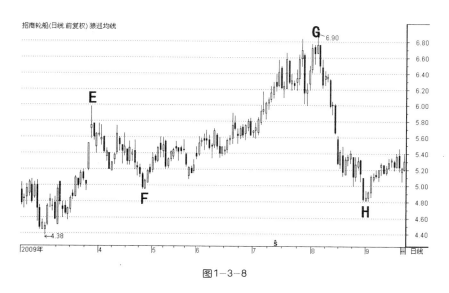

图1-3-8

从上面的图1-3-7中，我们可以看到，下跌行情AB的运行时间约为15个交易日，CD行情的运行时间约为10个交易日，约为AB行情的2/3。EF行情的运行时间约为20个交易日，约为CD行情的2倍。

从上涨行情中，我们可以看到，上涨行情BC的运行时间约为27个交易日，DE行情的运行时间是19个交易日，约为AB行情的2/3。

从上面的图1-3-8中，我们可以看到，EF行情的下跌运行时间约是20个交易日，GH行情的运行时间约为20个交易日，EF行情与GH行情的运行时间基本一致。

我们再来看一下上涨行情FG与前一波上涨行情的对应情况。

从图1-3-7中，我们知道了DE行情的运行时间约为20个交易日（实际上是19个交易日）。从图1-3-8中，我们可以看到上涨行情FG的运行时间为68个交易日，约为DE行情的3 $\frac{1}{2}$。

通过上面的演示，我们看到了对称理论在短周期的日线图中的对称关系。接下来，我们会再演示一下周线图中的中期时间对称关系。

◎ **市场中期周线时间对称**

　　行情运行时间过长或者走势震荡起伏过大，都会导致日线图中的周期对称发生"变异"，无法判断一波行情的起止点。为了能够弥补这一缺陷，更好地观察和判断行情运行的时间周期，我们通常都会将行情走势图切换到周线图、月线图、或者45日线图中，以便能够更加清楚明了地辨别行情运行的趋势和时间周期。

　　为了能够让你看到连贯的行情走势图，在这一节中，我们依然摒弃挑选标准图形验证的做法，采用上证指数的全部行情的周线图逐个验证，以便让你能够更好地认知对称理论的时间对称性。我们先来看一下图1－4－1中，上证指数1992年3月～1995年5月的周线行情走势图。

图1－4－1

　　从上面的图示中，我们可以看到，上涨行情AB的运行时间是10周左右，CD行情的运行时间为15周左右，是AB行情的1½。EF行情的运行时间是8周左右（也可以说是7周左右），约是CD行情的1/2。

　　接下来，我们再看下跌行情的时间对称情况。

BC行情的运行时间是25周左右（实际上是26周），DE行情的运行时间是75周左右，约是BC行情的3倍。

通过上面的对比，我们看到，上证指数1992年3月～1995年5月的周线行情走势中，上涨和下跌行情的时间对称性基本成立，符合时间对称的近似关系。

我们再来看图1－4－2，上证指数1994年6月～1997年9月的周线行情走势图。

图1－4－2

从上面的图示中，我们可以看到，上涨行情AB的运行时间是8周左右，CD行情的运行时间也是8周左右，两者的运行时间基本一致。EF行情的运行时间是4周左右，约是CD行情的1／2。GH行情的运行时间是12周左右，约是EF行情的3倍。IJ行情的运行时间是25周左右，约为GH行情运行时间的2倍。KL行情的运行时间是13周，约为IJ行情运行时间的1／2。MN行情的运行时间是19周，约为KL行情的$1\frac{1}{2}$。

再看下跌行情。

下跌行情BC的运行时间是21个周左右，但是我们从图中可以看到，DE行情的运行时间只有四五周，属于下跌收缩的走势形态，行情出现了反转，所以我们就需要用大周期对称法，将其与FI行情相比较。从图中我们可以看到，FI行情的运行时间为36个周左右，FI行情的运行时间约为BC行情的$1\frac{2}{3}$。

我们继续来看其他周期。

下跌行情FG的运行时间为7周，HI行情的运行时间为21周左右，约为FG行情的3倍。JK行情的运行时间是7周左右，约为HI行情的1/3。LM行情的运行时间是3周左右，约为JK行情的1/2（当然也可以采用大周期对称法）。

从上面各图中的时间周期的运行情况来看，上证指数1994年6月～1997年9月的周线行情走势，无论行情处于上涨趋势还是下跌趋势中，其运行时间周期依然遵循相互对称的近似关系。

我们继续看图1-4-3中，上证指数1996年6月～1999年11月之间的周线行情走势图。

图1-4-3

从上面的图示中，我们可以看到，上涨行情AB的运行时间为19周左右，CD行情的运行时间为9周左右（也可以说是10周），约为AB行情的1/2。EF行情的运行时间为6周左右，约为CD行情的2/3（也可以用5日计算判断为1/2）。GH行情的运行时间为9周左右，约为EF行情的$1\frac{1}{2}$。IJ行情的运行时间是

12周左右，约为GH行情的$1\frac{1}{3}$。KL行情的运行时间约为12周左右（实际为13周），与IJ行情的运行时间基本一致。MN行情的运行时间为7周，约为KL行情的1/2。OP行情属于上涨扩张行情，其运行时间也是7周，与MN行情的运行时间基本一致。

我们继续看图1－4－3中下跌行情的对称情况。

从图中，我们可以看到，下跌行情BC的运行时间是9周，DE行情的运行时间是3周，约是BC行情运行时间的1/3。FG行情的运行时间大约是6周，约为DE行情的2倍。HI行情的运行时间是6周左右，与FG行情的运行时间基本一致。JK行情的运行时间约为12周，约是HI行情运行时间的2倍。LM行情的运行时间约为12周，与JK行情的运行时间基本一致。NO行情的运行时间约为6周，约是LM行情运行时间的1/2。

从上面各时间周期的运行情况来看，上证指数1996年6月～1999年11月之间的周线行情走势，无论上涨走势还是下跌走势，依然遵循时间对称的近似关系。

图1－4－4为上证指数1998年12月～2002年2月之间的周线行情走势图。

图1－4－4

从上面的图示中，我们可以看到，上涨行情AB的运行时间约为7周，上涨行情CD的运行时间是8周左右，大约与AB行情一致。但从图中，我们看到上涨行情CD出现了周期收缩现象，行情出现了大幅度的下跌。EF行情的上涨运行时间约为32周，约为CD行情运行时间的4倍。GH行情的运行时间为15周，约为EF行情的1/2。IJ行情的运行时间为16个周，与GH行情的运行时间基本一致。KL行情的运行时间为7周，约为IJ行情运行时间的1/2。

我们继续看图1-4-4中下跌行情的对称情况。

从上面的图示中，我们可以看到，下跌行情BC的运行时间是4周左右，DE行情的运行时间是16周，约为BC行情的4倍。FG行情的运行时间为6周，约为DE行情运行时间的1/3。HI行情的运行时间为6周，与FG行情的运行时间基本一致。JK行情的运行时间大约为18周，是HI行情的3倍。LM行情的运行时间为9周，约是JK行情运行时间的2倍。

从上面各个时间周期的运行情况来看，上证指数1998年12月～2002年2月之间的周线行情走势，无论上涨走势还是下跌走势，依然遵循时间对称的近似关系。

我们再看图1-4-5中，上证指数2000年2月～2004年2月之

图1-4-5

间的周线行情走势图中的时间对称情况。

从上面的图示中，我们可以看到，下跌行情AB的运行时间是18周，CD行情的运行时间约为9周，约为AB行情运行时间的1/2。EF行情的运行时间约为12周，约是CD行情运行时间的1⅓。GH行情的运行时间约为28周，约为EF行情的2⅓。IJ行情的运行时间约为28周（实际上是30周），与GH行情的运行时间基本一致。

再看上涨行情的运行时间，BC行情的运行时间为7周左右，DE行情的运行时间也是7周左右，与BC行情的运行时间基本一致。FG行情的运行时间大约为4周，约是DE行情的1/2。HI行情的运行时间为14周左右，约是FG行情的3⅓（或约3倍）。

从上面各时间周期的运行情况来看，上证指数2000年2月～2004年2月之间的周线行情走势，无论上涨走势还是下跌走势，依然遵循时间对称的近似关系。

我们再看图1-4-6中，上证指数2003年6月～2006年10月之间的周线行情走势图中的时间对称情况。

从下面的图示中，我们可以看到，上涨行情AB的运行时间

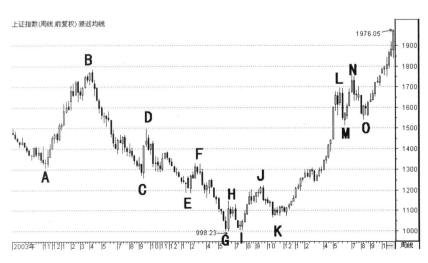

图1-4-6

为21周，而从图1-4-5中，我们可以知道HI行情的运行时间为14周左右，AB行情的运行时间是上一波上涨行情的1½。CD行情的运行时间是2周左右，属于周期收缩行情。EF行情的运行时间是4周左右，约为CD行情的2倍。GH行情的运行时间是4周左右，与EF行情的运行时间基本一致。IJ行情的运行时间为10周左右，约是GH行情运行时间的2½（或约2倍）。KL行情的运行时间约为30周，约为IJ行情的3倍。MN行情属于上涨收缩行情。

再看其下跌行情的运行情况。

下跌行情BC的运行时间约是24周（实际上是23周），DE行情的运行时间大约是18周。两者似乎并不对称，但我们再用大周期对称法看一下，我们可以看到，行情DG的运行时间为36周，约是BC行情的1½。所以在这里我要提一点的就是，当你发现行情无论如何对比都无法找到其对称的周期时，你就需要考虑大周期对称法。

我们继续进行其他时间的对比。

下跌行情DE的运行时间是18周，FG行情的运行时间是12周左右，约为DE行情的2/3。HI行情的运行时间约是6周，约是FG行情的1/2。JK行情的运行时间为6周左右，与HI行情的运行时间大致相同。LM行情的运行时间是3周左右，约是HI行情运行时间的1/2。NO行情的运行时间大约是6周，约为LM行情的2倍。

从上面各时间周期的运行情况来看，上证指数2003年6月～2006年10月之间的周线行情走势，无论上涨走势还是下跌走势，依然遵循时间对称的近似关系。

我们继续看图1-4-7中，上证指数2004年12月～2008年4月之间的周线行情走势图中的时间对称情况。

从下面的图示中，我们可以看到，上涨行情AB的运行时间为24周左右。而前一波行情如果用大周期对称法我们知道（见图1-4-6中行情KN），KN行情的运行时间是36周，AB行情的

图1-4-7

运行时间约为KN行情运行时间的2/3。CD行情的运行时间为16周, 是AB行情运行时间的2/3。EF行情的运行时间是16周左右, 与CD行情的运行时间大致相同。GH行情的运行时间约是8周, 约是EF行情运行时间的1/2, 属于周期收缩行情。

图1-4-7中的行情下跌幅度较小, 波动并不明显, 所以我们就不一一验证了, 因为这样的波动在月线图中基本上是可以忽略的。而关于其月线图中的情况, 我们在上面的章节中已有讲述。

我们继续来看上证指数接下来的走势情况。如图1-4-8中所示。

图1-4-8是上证指数2006年8月~2009年10月之间的周线行情走势图中的时间对称情况。

从上面的图示中, 我们可以看到, 下跌行情AB的运行时间约是7周, 下跌行情CD的运行时间大约是14周, 约为AB行情的2倍。EF行情的运行时间是26周, 约为CD行情的2倍。我们再来看GH行情。GH行情属于一个明显的周期收缩走势, 运行时间只有4周左右, 行情触底上涨了, 而自上涨之后, 我们看到IJ的运行时间为3周左右, 与GH行情的走势基本类似, KL行情的

图1-4-8

运行时间约为5周左右，约为IJ行情的1⅔（如果周期过小，也可以说约是IJ行情的2倍）。

我们再来看上涨行情中的时间对应情况。

从上面的图示中，我们可以看到，上涨行情BC的运行时间约为8周，DE行情的运行时间约为4周，约为ＢＣ行情的1／2。ＦＧ行情的运行时间约为7周，FG行情的运行时间大约是DE行情的2倍。HI行情的运行时间约7周，与FG行情的运行时间基本一致。JK行情的运行时间为21周，约是FG行情的3倍。

从上面各时间周期的运行情况来看，上证指数的周线行情走势，无论上涨走势还是下跌走势，依然遵循时间对称的近似关系。

所以投资者在实际应用的过程中，如果能够把握好行情时间周期的对应关系，就能够大致知道行情在上涨和下跌中有可能出现转机的时间，做到心中有底。

除了日线图和周线图中的时间对称性，我们还会在简单地演示一下月线图中的时间对应关系，以便你能够全面掌握大小周期的变化关系和运用要则。

◎　**市场长期月线时间对称**

　　月线图中的时间对称性，是判断大周期的时间对称性的另一重要参考。当用日线确定大周期的行情对称失败或不明确的时候，我们除了可以采用周线图来验证之外，还可以采用月线图和季线图来验证。关于季线图和月线图，我们在本章的开始就验证了很多，在这里，我们只用青岛啤酒（600600）这支股票的月线图再来简单地演示一下即可。如图1-5-1和图1-5-2中所示。

　　图1-5-1是青岛啤酒（600600）1993年8月～2006年7月的月线走势图，图1-5-2是青岛啤酒（600600）1996年10月～2009年10月的月线走势图。

　　从图1-5-1中，我们可以看到，下跌行情AB的运行时间约为12个月，CD行情的运行时间为11个月左右，与AB行情的运行时间基本一致。EF行情的运行时间为6个月左右，约为CD行情的1/2。GH行情的运行时间约为18个月，约为EF行情运行时间的3倍。IJ行情的运行时间约为9个月，约为GH行情的1/2。KL行情的运行时间约为19个月，约为IJ行情的2倍。

图1-5-1

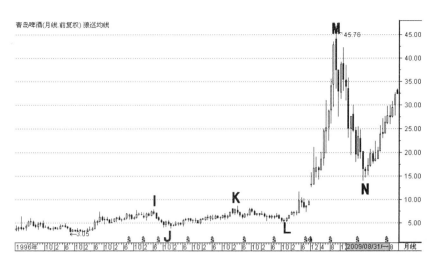

青岛啤酒(月线,前复权)狼巡均线

图1-5-2

从图1-5-2中，我们可以看到，行情MN的运行时间是12个月，约为KL行情的2/3。

上面是青岛啤酒（600600）月线图的下跌行情对称情况，下面我们再来看一下青岛啤酒（600600）的上涨行情对称情况。

从图中，我们可以看到上涨行情BC的运行时间约为3个月，DE行情的运行时间约为6个月（实际是5个月），约为BC行情的2倍。FG行情的运行时间为17个月，约是DE行情运行时间的3倍。HI行情的运行时间约为34个月（实际上是36个月），约为FG行情运行时间的2倍。JK行情的运行时间约是25个月，约为HI行情的2/3。LM行情的运行时间是22个月（如果算上其10月和11月停牌期间，LM行情的周期就是24个月），与JK行情运行的时间基本一致，符合时间周期对称的近似关系。

在实际应用当中，你可能会看到一些行情的对应关系并不紧密，这大多数是因为停牌或者放假等原因造成的误差。当然在现实应用当中，你不必苛求行情的走势异常紧密，一丝不差。在很多时候，你必须既要兼顾前面行情的倍数，还要考虑后面行情可能出现的倍数。比如，前一波行情的运行周期是16个交易日，而目前的行情已经运行了9个交易日，我们就可以将9也按照8个交易日的基数来处理，如果行情不再创出新低或新高，我们就可以确定本波行情与前一波行情的1/2对称基本成立了。但这时候你还要知道，后面的行情走势不但有可能围绕8的倍数波动，也有可能围绕9的倍数波动，你必须兼顾8和9这两个基数。如果后面的行情走势出现了27、28或29、30，那么你就必须要考虑到9的倍数甚至是10的倍数。这波行情所对应的基数，很有可能是9，也可能是8和10。所以在实际应用中，你必须既要兼顾到前后基数的大约值，又要兼顾到行情出现的真实时间，因为很有可能在下一波行情中，波动的频率会按照前一波行情的真实时间改变波动率，形成新的对称基数。

请记住：厚积薄发、精研粗用、灵活变通、前后呼应，才是对称理论的应用之道。

第二章　如何利用对称理论的空间对称性确定行情涨跌的高位和低位？

Chapter2

有了时间上的对称性，那么价格上的对称性也就自然而然地成立了。价格对称性主要体现在上涨幅度和波长的对称上。假设上一波行情的运行空间为6个点，那么下一波行情的运行空间也应该是6个点左右，或以6的整数倍数、1/2、1/3、2/3的幅度增减。其计算方法与时间上的对称性基本一致。这对于交易者确认未来行情的顶部和底部的阻力位置，有着举足轻重的作用。它的作用，就像打靶子一样，能不能打中不要紧，关键是你必须要盯住一个目标。当然与时间对称一样，你不能要求它所提示的所有位置都丝毫不差。

下面我们就来讲述一下指数或价格上的对称性，也可以说是空间对称性。

首先，我们要知道时间和空间的关系。时间是用来安排事物的发生秩序的，如果没有时间，那么一切都会失去秩序。有一位科学家曾经说过，时间的主要功能就是防止所有的事情在同一时刻同时发生。针对时间而言，空间的作用就是体现物象的方位、位置。我们用爱因斯坦的话来概括时间和空间的关系就是：时间安排事物发生的秩序，空间则描绘事物的形态。

另外，在事物的运行当中，还存在一个重要的元素，就是力量。如果没有力量的存在，那么自然界的一切都会失去动能。在事物运行当中力量的作用就是让所有的事物同步发生。即有力量的存在，所有的事物才会在同一时刻、同步地按照时间上的秩序和空间上的方位、位置往前发展。而在对称理论中代表力量因素的是波长，简单地说，相同的时间周期之内上涨的幅度越大，波长越长，说明其上涨的力量越大。同理，相同的时间周期之内上涨的幅度越小，波长越短，说明其上涨的力量越小。

◎ 标准的对称走势

一、如何确认顶部阻力区域

在确认行情空间对称性的过程中，我们通常会用前一波行情的顶部和底部画出三条放射线，来代表未来行情上涨的"顶点D"有可能到达的三个阻力位置（顶部）。如图2-1-1中所示。图中1/2平分线（AA$_1$）、1/3平分线（AA$_3$）和2/3平分线（AA$_2$）就属于未来行情上涨时的顶部阻力线。图2-1-1表现的是对称理论空间对称中，以1/2平分线（AA$_1$）为阻力线的行情形态示意图。

接下来，我们再来看一下对称理论中的这种空间对称，在实际应用中的效果如何。如图2-1-2所示。

图2-1-2是深证成指2001年11月～2004年2月之间的日线行情走势图。

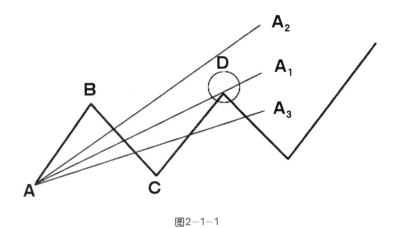

图2-1-1

图2-1-2

从上面的图示中，我们可以看到，行情从高点B处下跌到低点C处之后，出现了一波反转行情，但当行情运行到高点D处时，行情由A为起点平分被行情BC的1/2平分线压制，形成了阻止行情上涨的阻力线。

图2-1-3则是将起点A移动到更早一波行情的起点，也就是大周期对称法的起点。我们先来看一下图2-1-3中的对称情况。

图2-1-3

从图2-1-3中，我们可以看到，行情由大周期的低点A处为起点平分BC行情的三条阻力线之后，其中的1/2平分线依然压制高点D，成为压制行情上涨的阻力线。我们继续来看下一张图示。如图2-1-4所示。

图2-1-4是深证成指2002年7月～2004年8月的日线行情走势图。

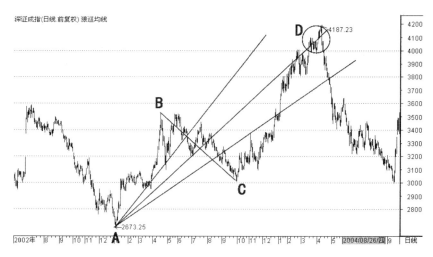

图2-1-4

从上面的图示中，我们可以看到，深证成指自低点A上涨，运行到高点B处之后，便出现了一轮下跌行情，形成了行情BC，但当行情自低点C处上涨运行到D处时，受到了从低点A处开始平分BC行情的1/2平分线的压制，行情开始反转向下。

我们再来看一下图2-1-5中所示，表现的是对称理论空间对称中，以1/3平分线（AA₃）为阻力线的行情走势示意图。

我们再来看一下，在现实行情中以1/3平分线（AA₃）为阻力线的行情走势形态如何。如图2-1-6中所示。

图2-1-5

图2-1-6

图2-1-6是深证成指2003年4月～2005年7月的日线行情走势图。

从上面的图示中，我们可以看到，深证成指自低点A上涨到高点B处之后，开始了一波下跌行情，形成了下跌行情BC，但从之后出现的反弹行情CD中，其高点D遇到了由A为起点平分BC行情的1/3平分线的压制，出现了上涨受阻的现象，随后便再次步入下跌行情之中。

图2-1-7中是深证成指1999年5月～2002年9月的日线行情走势图。

图2-1-7

从上面的图示中，我们可以看到，行情自低点A上涨到高点B处之后，开始步入下跌行情之中，当创下低点C时，行情开始反转回升，但当行情运行到高点D处时，受到了BC行情的1/3平分线的压制，行情遇阻反转，步入另一轮跌势之中。

我们再来看一下图2-1-8中，青岛啤酒（600600）2004年2月～2005年6月的日线行情走势图中的对称情况。

从上面的图示中，我们可以看到，青岛啤酒（600600）的股价在低点A处上涨到高点B处后，就开始逐步下跌，从C处开始反转向上，当行情运行到BC行情的1/3平分线处时，受到了

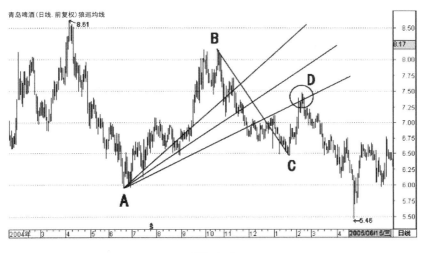

图2-1-8

BC行情1/3平分线的压制，行情反转向下，步入新一轮下跌走势。

我们接下来看图2-1-9中所示，以2/3平分线（AA₂）为阻力线的行情走势示意图。

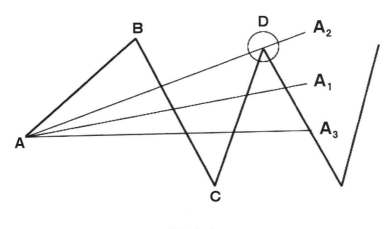

图2-1-9

我们来看一下图2-1-10中，深证成指在现实行情中，以2/3平分线（AA₃）为阻力线的行情走势形态如何。

图2-1-10

从上面图示中，我们可以看到，深证成指从低点A处上涨
到高点B处之后，行情出现了下跌走势，当行情运行到低点C
处，开始反转向上，步入了一轮长期的上涨行情之中，当行情
运行到D处时，行情遇到了BC行情的2/3平分线的压制，遇阻
反转步入新一轮跌势。

图2-1-11是青岛啤酒（600600）2000年3月～2000年12月
的日线行情走势图。

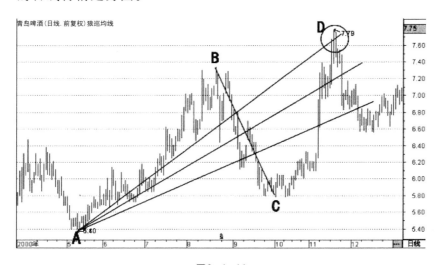

图2-1-11

从上面的图示中，我们可以看到，青岛啤酒（600600）的行情从低点A开始上涨到高点B处之后，行情开始反转向下，运行到低点C处之后，行情开始反转向上，走出一轮上涨行情。但当运行到高点D处时，行情遇到了BC行情的2/3平分线的压制，停滞不前，并开始反转向下，步入跌势。

图2-1-12是方正科技（600601）2003年5月～2005年8月的日线行情走势图。

图2-1-12

从上面的图示中，我们可以看到，行情自低点A处开始上涨，一直上涨到B处之后，开始反转向下，形成下跌行情BC。当行情从C处再次反升，运行到高点D处时，行情遇到了BC行情的2/3平分线的压制，出现反转，行情步入新一轮的跌势之中。

二、如何确定底部阻力区域

确认下跌行情"低点D"有可能到达的三个位置的方法，与确认上涨行情"顶点D"的方法完全相同。如图2-1-13所示。其中1/2平分线（AA$_1$）、1/3平分线（AA$_2$）和2/3平分线（AA$_3$）就属于未来行情上涨时的顶部阻力线。

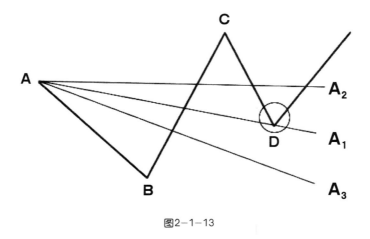

图2-1-13

我们再来看一下在现实行情中，1/2平分线在下跌行情中的托底情况表现如何。如图2-1-14所示。

图2-1-14

图2-1-14是A股指数1996年12月～2001年10月之间的周线行情走势图。

从上面的图示中，我们可以看到，行情从高点A处开始下跌，经过漫长的震荡之后，行情自低点C处再次反升，并形成上涨行情CB，之后便再一次出现下跌走势。

但从图中我们可以看到，行情运行到D处时下跌遇阻，遇到了BC行情的1/2平分线托底支撑，行情重新反转上升，步入牛市。

图2－1－15是武钢股份（600005）2008年11月～2009年7月的日线行情走势图。

图2－1－15

从上面图示中，我们可以看到，武钢股份（600005）的股价自高点A处下跌到低点B处后，行情开始反转向上，步入上涨行情之中，当行情运行到高点C处时，反转向下，步入跌势。但当行情运行到低点D处时，行情受到了BC行情的1/2平分线的托底支撑，行情再次反转，步入上涨行情之中。

图2－1－16是A股指数1992年2月～2007年3月的月线行情走势图。

从上面的图示中，我们可以看到，A股指数的行情从A点高位下跌到低点B处后，开始步入长期牛市。当行情运行到高点C处之后，行情反转向下，经过4年多的跌势之后，在BC行情的1/2平分线的上方停止跌势，反转向上。

我们再来看一下1/3平分线（AA₂）的托底情况如何，如图2－1－17所示。

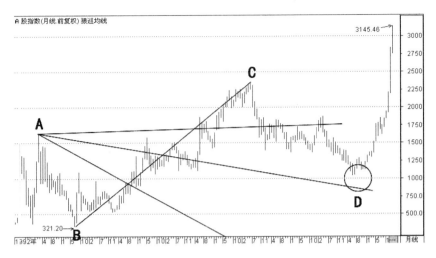

图2-1-16

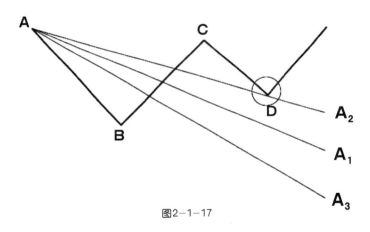

图2-1-17

　　图2-1-18是深证成指2001年1月～2004年2月的日线行情走势图。

　　从下面的图示中，我们可以看到，深证成指自A点开始下跌，直到B点之后才开始反转回升，当行情运行到高点C处时，又开始反转向下，步入跌势。但行情运行到D处时，遇到了BC行情的1/3平分线支撑托底，再次行情反转向上，步入上涨趋势之中。

　　图2-1-19是武钢股份（600005）2008年10月～2009年5月的日线行情走势图。

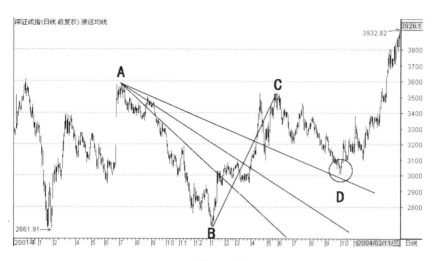

图2-1-18

图2-1-19

　　从上面的图示中，我们看到，武钢股份（600005）的股价从高位A处开始，向下大幅走低，直到低点B处才开始反转回升，形成了上涨行情BC，之后行情便从高位C处向下走低。但当行情运行到低点D时，遇到了BC行情的1/3平分线托底支撑，行情反转回升，步入另一轮涨势之中。

　　图2-1-20是日经指数2006年5月～2006年11月的日线行情走势图。

图2-1-20

从上面的图示中，我们可以看到，日经指数从A点高位开始下跌，自低位B处反转回升，然后自高位C处再次向下，步入另一波跌势，最后受到BC行情的1/3平分线托底支撑，行情反转回升，再次进入涨势。股价走势基本符合1/3平分线托底支撑的标准。

图2-1-21是对称理论的2/3平分线（AA₃）的托底形态示意图。

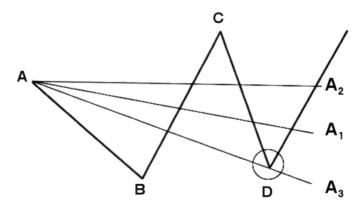

图2-1-21

我们最后来看一下2/3平分线在实际行情中的运行形态，如图2-1-22中所示。

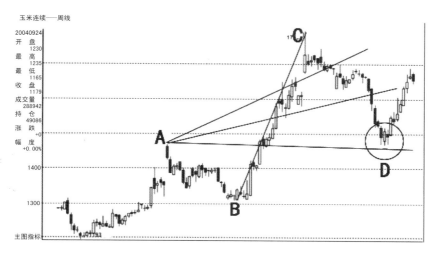

图2-1-22

图2-1-22是玉米2005年9月～2007年9月的周线行情走势图。

从上面的图示中，我们可以看到，玉米连续的行情从高位A点开始反转向下，运行了22周之后，行情从低点B处开始反转向上，形成了上涨行情BC，之后行情从C点开始反转向下，进入跌势之中。当行情运行到D处时，遇到BC行情的2/3平分线托底支撑，行情反转回升，步入了另一波涨势之中。

图2-1-23是纳斯达克指数2005年3月～2007年2月的日线行情走势图。

从下面的图示中，我们可以看到，纳斯达克指数的行情自高点A处开始下跌，直到低点B处反转向上，经过了一轮大幅的涨势之后，形成了行情BC，并从高点C处再次步入跌势。但当行情运行到低点D处时，行情遇到了BC行情的2/3平分线的托底支撑，行情再次反转向上，步入了另一轮更大的涨势之中。

图2-1-24是武钢股份（600005）2007年3月～2008年2月的日线行情走势图。

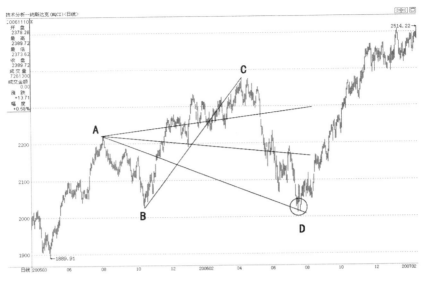

图2-1-23

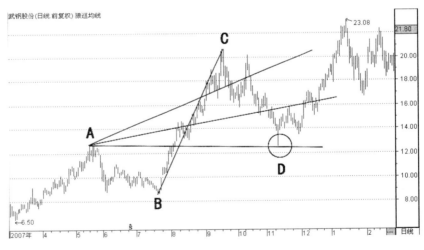

图2-1-24

　　从上面的图示中，我们可以看到，武钢股份（600005）的行情自高点A处下跌之后，在低点B处反转向上，形成BC行情，之后行情从高点C处反转向下，步入另一轮跌势。但最终行情受到BC行情的2/3平分线的托底支撑，自低点D处反转向上，步入了另一轮涨势。

　　从上面不同的行情图示中，我们看到，行情在下跌和上涨时，通常都会受到空间对称的阻力影响出现反转。

　　所以，在实际应用中，投机者如果要确认下一波上涨行情CD未来的顶部阻力位，则应以图2-1-25中所示的A点为起点，BC为标尺，由A点画出穿越BC行情的1／2、1／3、2／3的三条平分线。图中D、E、F所示的三个位置，就是未来行情最有可能到达的阻力位。

　　确认下一底部的方法与此雷同。如图2-1-26所示。

　　从图中，我们可以看到，当行情在这三处受阻时，投资者应特别注意危险信号。如果投资者在一波上涨的行情中正在考

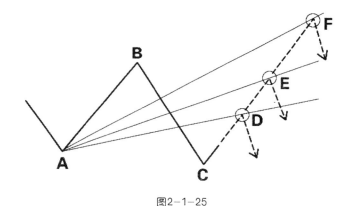

图2-1-25

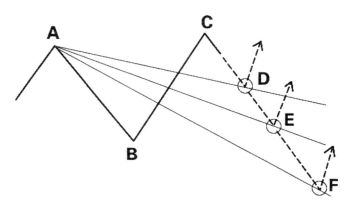

图2-1-26

虑建仓，也可以通过这三条线，大致知道这一波上涨行情的顶部可能到达的三个位置，以便投资者更好地计算盈亏比例。如何计算盈亏比例，我们会在下面的章节中有专门的论述。

通过上面的论述，投资者应该将上面图2-1-25和图2-1-26中的示意图当成一个标尺记在脑子里，这样只要时间长了，你只要看一眼行情的走势，就可以大致知道一波上涨行情的顶部和一波下跌行情的底部有可能出现在哪些区域。相信只要你勤加练习，多加研究，熟练了以后，你就会对复杂多变的行情有很强的方向感。

◎ **不标准的变异对称走势**

行情的走势虽然具有对称性，但有时候也会因为涨跌波动力量的异动，改变了其应有的角度和幅度。有时候如果单纯地采用标准的平分线画法，往往会出现行情的趋势走向与平分线的趋势走向不一致的现象，致使股价走势根本就触不到三条平分线，或即使股价趋势能够按照常规击穿平分线，但根本就是脱离平分线形成的顶部和底部，所以这时候我们就需要为这段行情所对应的上一波行情画一条辅助线，选择一个新的起点。如图2-2-1至图2-2-4中所示。

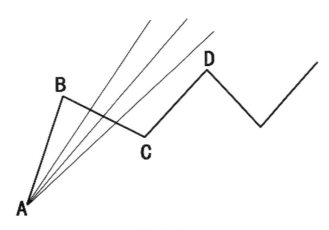

图2-2-1

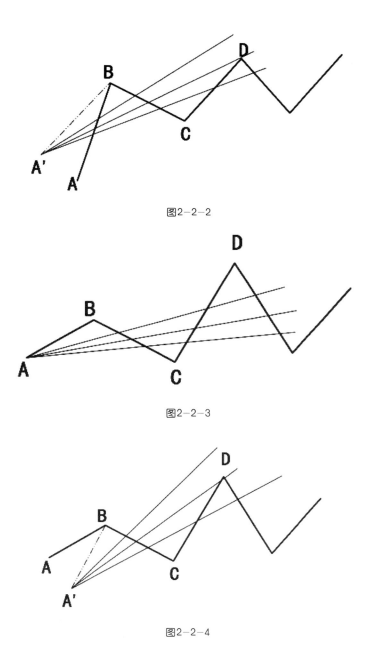

图2-2-2

图2-2-3

图2-2-4

从图2-2-1中我们可以看到，行情CD的高点D出现了向外扩张的行情走势，没有触碰到BC行情的三条平分线就出现了下跌。而在图2-2-3中我们可以看到，行情CD的高点D出现了向上突破BC行情的三条平分线的行情走势，所以无法准确判断行情未来的高位。

但如果我们再回过头来，看一下图2-2-2和图2-2-4，就会发现行情的高位和低位又碰到了BC行情的三条平分线。

所以，在现实应用中，当你按照标准的平分线对下一波的行情进行测量的时候，如果行情脱离了BC行情的三条平分线运行，或击穿三条平分线运行的时候，就需要你人为地画出一条与上一轮行情长度相同，但与本轮行情的运行角度平行的辅助线，来重新为未来的行情确立一个新的起点（A'点）。如图2-2-5和图2-2-6中所示。图中辅助线A'B的长度与AB的

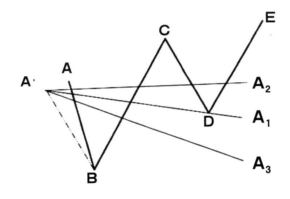

图2-2-5

图2-2-6

长度相同，并与CD行情的走势角度平行，即A'B平行于CD但长度等于AB。

从上面的两幅图示中，我们可以看到，行情ABCD的走势出现了不标准的偏离形态，但通过从起点A'开始，画出长度等于AB且平行于CD线的A'B辅助线之后，下跌行情的低点D又落到了BC行情的1/2平分线上遇阻反升。

我们再来看一下图2-2-7至图2-2-9中，画出辅助线A'B之后，由A'点画出的1/3平分线的托底情况如何？

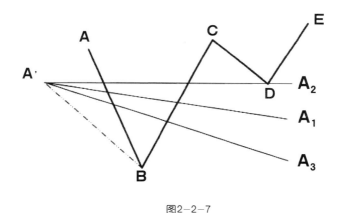

图2-2-7

图2-2-8

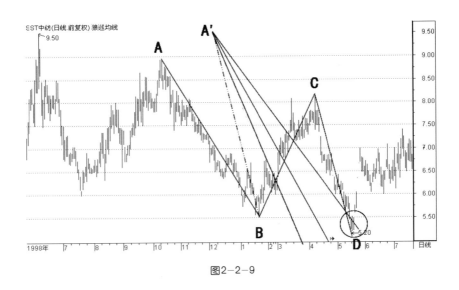

图2-2-9

　　从上面的三幅图示中，我们可以看到，行情ABCD的走势都出现了不标准的偏离形态，但通过从起点A'处开始，画出长度等于AB且平行于CD线的A'B辅助线之后，下跌行情的低点D都落到了BC行情的1/3平分线上遇阻反升。

　　我们再来看一下图2-2-10和图2-2-11，画出辅助线A'B之后，由A'点画出的2/3平分线的托底情况如何。

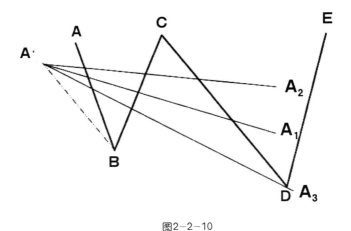

图2-2-10

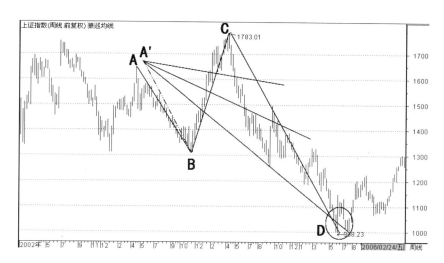

图2－2－11

从上面的两幅图示中，我们可以看到，行情ABCD的走势都出现了不标准的偏离形态，但通过从起点A'处开始，画出长度等于AB且平行于CD线的A'B辅助线之后，下跌行情的低点D都落到了BC行情的2/3平分线上遇阻反升，形态结构基本符合对称理论空间对称的平分线托底标准。

上面是托底的平分线对称形态，那么由A'B辅助线的起点A'开始，画出的对称下压线的对称情况又会如何呢？我们先来看一下图2－2－12至图2－2－16中的1/2平分线的下压形态。

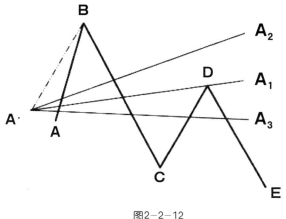

图2－2－12

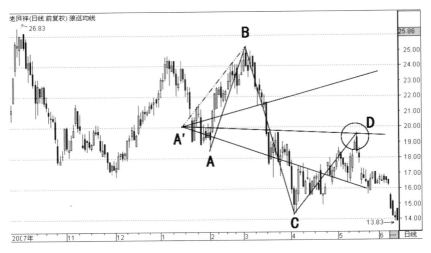

图2-2-13

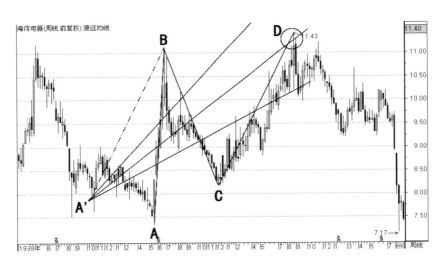

图2-2-14

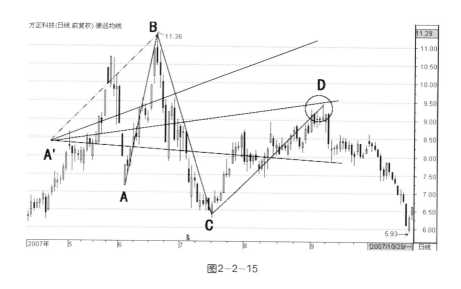

图2-2-15

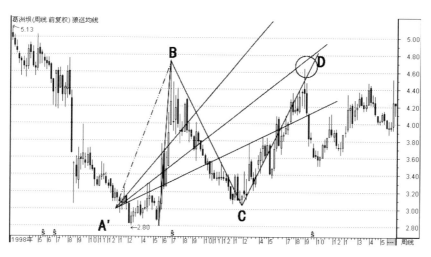

图2-2-16

从上面的五幅图中，我们可以看到，行情ABCD的走势都出现了不标准的偏离形态，但通过从起点A'处开始，画出长度等于AB且平行于CD线的A'B辅助线之后，上涨行情的高点D都遇到了BC行情的1/2平分线下压转跌，步入跌势，形态结构基本符合对称理论空间对称的平分线下压标准。

接下来，我们再看一下图2-2-17和图2-2-18中所示的画出辅助线A'B之后，由A'点画出的1/3平分线的下压情况。

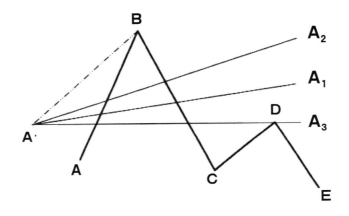

图2-2-17

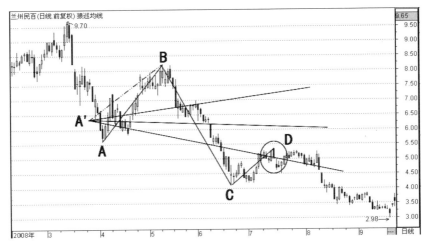

图2-2-18

　　从上面的两幅图中，我们可以看到，行情ABCD的走势都出现了不标准的偏离形态，但通过从起点A'处开始画出长度等于AB且平行于CD线的A'B辅助线之后，上涨行情的高点D都遇到了BC行情的1/3平分线下压，步入跌势，形态结构基本符合对称理论空间对称的平分线下压标准。

　　我们再来看一下图2-2-19和图2-2-20，画出辅助线A'B之后，由A'点画出的2/3平分线的下压情况。

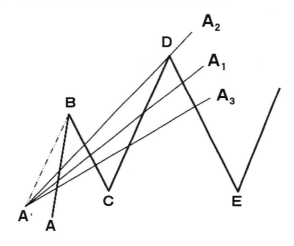

图2-2-19

图2-2-20

图2-2-21

从上面的三幅图中，我们可以看到，行情ABCD的走势都出现了不标准的偏离形态，但通过从起点A'处开始，画出长度等于AB且平行于CD线的A'B辅助线之后，上涨行情的高点D都遇到了BC行情的2/3平分线下压，步入跌势，形态结构基本符合对称理论空间对称的平分线下压标准。

我们再看一下图2-2-22中，上证综指1990年1月～1995年7月的周线行情走势图。

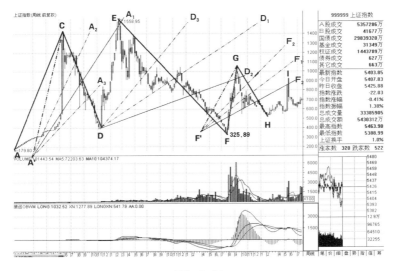

图2-2-22

从上面的图示中，我们可以看到，图2－2－22中是上证指数空间对称的组合行情走势图。虚线A'C是AC行情的辅助线，与DE平行。A'A$_1$是CD行情的1/2平分线。DD$_1$是EF行情的1/2平分线，DD$_2$是EF行情的1/3平分线。F'G是FG行情的辅助线，平行于HI。F'F$_1$是GH行情的1/2平分线。F'F$_2$是GH行情的1/3平分线。

在上面的图示中，把这些平分线按照要求画好以后，我们可以看到，所有行情的顶部和底部都清清楚楚地显示出来了。

在图2－2－22中，上证综指1993年2月运行到1558.95点左右，开始形成顶部E，并正好在行情CD的1/2平分线A'A$_1$下方触顶，于是形成了一波较长时间的熊市下跌行情。当行情运行到1994年7月的325.89点开始反转向上，但是行情运行了6周左右，其高点G触到行情EF的1/3平分线D'D$_2$，于是也出现了另一波下跌行情。这一波行情虽然触到EF的1/3平分线，但却并没有创出新低。我们前面说过，如果一波行情的顶点受到1/3平分线压制形成下跌行情时，创出新低的可能性就非常大，如果没有创出新低就开始出现上涨行情，往往预示着行情开始反转了。当行情重新上涨了14周左右，触到行情GH的1/3平分线F'F$_1$时，又形成了顶点I，导致行情出现了另一波中期的下跌走势。其中虚线线段F'G是行情FG的辅助线。

在这里可能读者会有一个疑问，当行情I处的大阴线还没出现的时候，那么FG的辅助线依靠什么画出？在这里我要申明一下。在画线的初期，你无须去画什么辅助线。你只需要按照既定的要求找到三个画线的点，按照标准对称画法画出三条平分线就行了。等标准的平分线失效时，再开始考虑辅助线。但不要忘了，看看时间的对称周期是不是形成了，如果时间周期也形成了，那说明行情可能要重新确立新的方向了，然后按照目前行情的最高点和最低点画出一条平行辅助线，看一看以辅助线为标准的空间对称性有没有成立，如果画出辅助线之后发现对称成立，则意味着行情已经到达阻力位，要向相反的方向反转了。

在对称性的三条平分线中，1/2平分线是三条平分线中最重要的一条平分线。无论是测量顶部位置，还是测量底部位置，大多数情况下，行情在遇到1/2平分线的时候，行情在没有快速穿越时，通常都会预示顶部或底部的成立，或出现不同幅度的回调或反弹。然后就是上涨中的1/3平分线（AA_2）和下跌中的1/3平分线（AA_2）。因为1/3平分线在上涨行情中作为回调行情的托底线，其托底的力量要大于1/2平分线；在下跌行情中作为反弹行情的上压线，其下压的力量要大于1/2平分线。所以当你发现行情在这两种平分线附近形成危险信号或买进信号时，应予重视。

如果一波上涨行情没有到达1/2平分线，并在1/3平分线处遇阻，出现反转信号时，则意味着接下来很可能会有一波强劲涨势，行情有可能创出新高。如果行情仅到达1/3平分线处就掉转方向，再次向上运行，往往是因为下跌的力量太小，或持续的周期太短。即，只有上一波行情的1/3的买入者在往相反的方向使劲，并不足以使行情真正反转。

还有一点也需记住，在一波下跌行情中，如果这一波行情经过一波反弹之后，行情上涨到1/3平分线或1/2平分线下方遇阻，形成上涨下压线时，虽再次走低，但并未创出新低，就重新返回，步入另一波涨势，这意味着行情有可能反转和继续向好。

为什么会这样呢？这是因为，当行情到达1/2平分线时，基本上意味着本次行情的上涨或下跌的时间或波长，基本上等于前一波行情的上涨和下跌的时间。但当行情的走势没有到达1/2平分线，并在1/3平分线处遇阻出现反转信号时，如果行情是上涨中，则意味着本次上涨行情走势偏弱。波长出现了收缩，上涨的力量减弱了，有可能创出新低，这在后面有关波长的章节中，我们还会谈到。我们先来看一下图2–2–23所示。

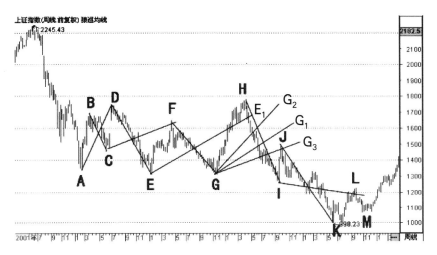

图2–2–23

从上面的图中，我们可以看到，线段AD是行情BC的1/2平分线，是顶部D的阻力线。线段CF是行情DE的1/2平分线，是顶部F的阻力线。线段EE_1是行情FG的1/2平分线，是顶部H的阻力线。线段GG_2、GG_1、GG_3各是行情HI的2/3平分线、1/2平分线、1/3平分线，其中线段GG_3为顶部J的阻力线，所以行情JK创出了新低。线段IL是行情JK的1/2平分线，是顶部L的阻力位。我们可以看到，行情KL在JK的1/2平分线处遇阻反转，形成了下跌行情LM，但LM并没有创出新低就反转向上，步入牛市。这应验了上面我们说到的"在一波下跌行情中，如果这一波行情经过一波反弹之后，行情上涨到1/3平分线或1/2平分线下方遇阻，形成上涨下压线时，虽再次走低，但并未创出新低，就重新返回，步入另一波涨势，这意味着行情有可能反转和继续向好"。

◎ **蝶形的对称走势**

蝶形也就是我们常说的W形和M形，因为其具有对称的特性，并与W形和M形的使用和确认方式上有所不同，所以我喜欢叫它蝶形。

行情波动所产生的走势形态，除了会满足前面所述的对称形态之外，还会满足蝶形形态的对称。即，当对称失效之后，我们就可以通过蝶形对称来进一步确认行情走势的高点和低点。通过归类之后，蝶形对称的形态大致都是以下面的几种形态出现。

我们先来看下面几幅蝶形对称中的W形顶部形态，如图2-3-1所示。

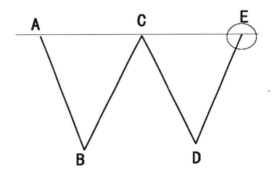

图2-3-1

从上面的图示中，我们可以看到，蝶形线上方的那条颈线就是一条测顶线，大多数波动较大的蝶形行情，都可以用图中的方法大致确认一下其未来的顶部阻力位。

我们再来看一下，这种形态的行情走势在现实行情中的应用情况。如图2-3-2至图2-3-6中所示。

通过下面的五幅图中，我们可以看到，行情经历过ABCD三波行情之后，形成了一个W型的走势形态，但当其形态中的最后一波行情的高点E运行到其颈线附近时，行情遇到了上涨压力，行情开始反转走低，步入跌势。

图2－3－2

图2－3－3

图2－3－4

图2-3-5

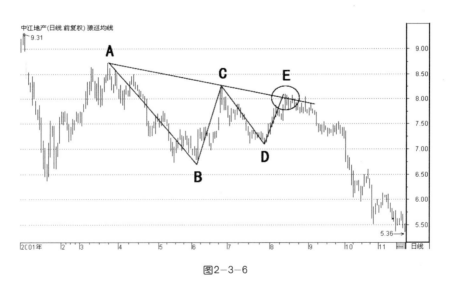

图2-3-6

　　但下面各图中的蝶形平分线，则是蝶形走势的另一种形式的顶部阻力平分线（下压线），即以AB行情的1/3（A_1），1/2（A_2），2/3（A_3）为起点，以C点为支撑，画出三条平分线。见图2-3-7至图2-3-9中所示。

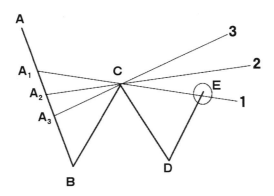

图2-3-7

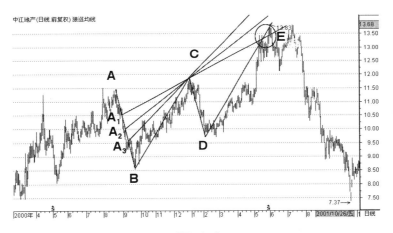

图2-3-8

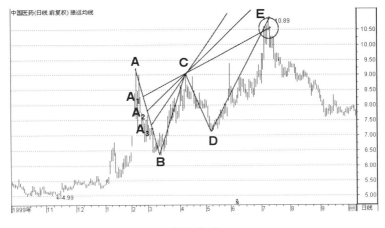

图2-3-9

　　从上面的图示中，我们可以看到，行情自前一高点A处下跌之后，形成了A、B、C、D、E共4波行情，其中上涨行情DE在运行了将近3个月之后，受到了AB行情中的1/3平分线A_1C线的压制，行情再次反转向下，步入跌势。

　　上面的三幅图中，是蝶形走势的1/3平分线所形成的上涨下压线，而下面的这两张图示，则是蝶形走势的1/2平分线所形成的上涨下压线，如图2-3-10至图2-3-12中所示。

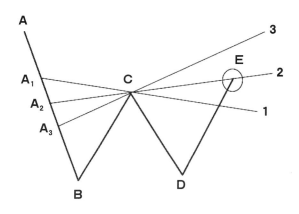

图2-3-10

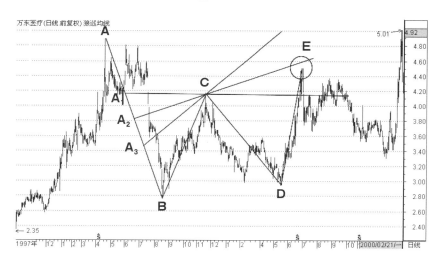

图2-3-11

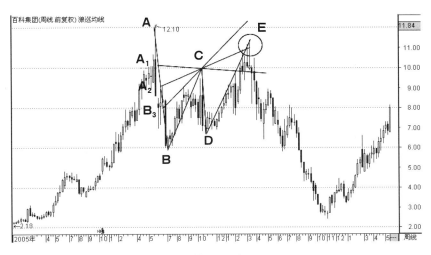

图2-3-12

　　从上面的图示中，我们可以看到，行情自前一高点A处下跌之后，形成了ABCDE共四波行情，其中上涨行情DE经历过一波上涨走势之后，受到了AB行情中的1/2平分线A_2C线的压制，行情再次反转向下，步入跌势。而下面的这两幅图则是蝶形走势的2/3平分线所形成的上涨下压线，如图2-3-13和图2-3-14中所示。

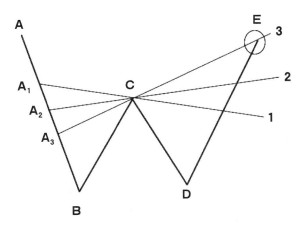

图2-3-13

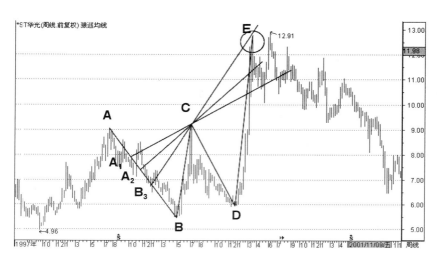

图2-3-14

从上面的图示中，我们可以看到，行情自前一高点A处下跌之后，形成了ABCDE共4波行情，其中上涨行情DE经历过一波上涨走势之后，受到了AB行情中的2/3平分线A_3C线的压制，行情再次反转向下，步入跌势。

下面的这两张图示则是蝶形走势的另一种分线的画法，如图2-3-15至图2-3-17中所示。

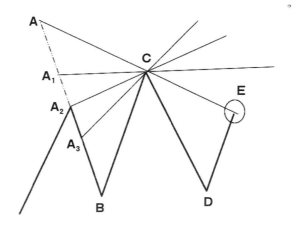

图2-3-15

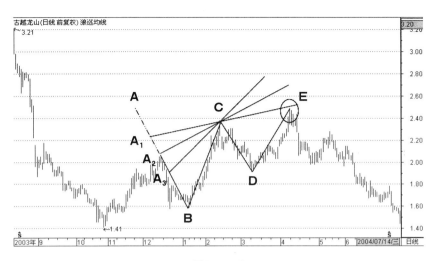

图2-3-16

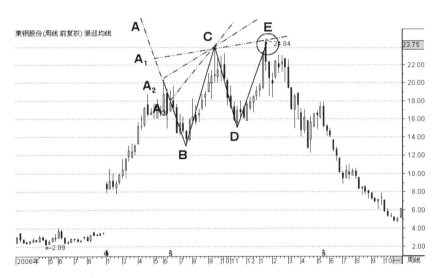

图2-3-17

通过上面的图示，我们可以看到，行情由A_2处下跌之后，形成了A_2BCDE的行情走势形态。从高点A_2处以C为支撑画出颈线，就无法接触行情的高点E，但是如果把A_2B行情的长度增加1倍，如图中的AA_2所示，并画出其中的另两条平分线，那么这个问题就迎刃而解了。我们就会看到行情AB的2/3（A_1C）平分线，明显成为了行情DE的上涨压力线，当高点E运行到A_1C

线之后，触顶反转，步入跌势。在下跌行情中，这种辅助线的作用也是一样的有效。

我们再来看几幅与上述顶部相反的M形底部形态。如图2-3-18所示。

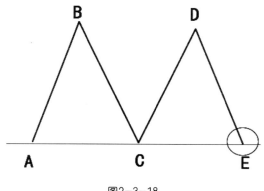

图2-3-18

从上面的图示中，我们可以看到，蝶形线下方的那条颈线就是一条测底线，大多数波动较大的蝶形行情，都可以用图中的方法大致确认一下其未来可能到达的底部阻力位。

我们再来看一下，这种形态的行情走势在现实行情中的应用情况如何。如图2-3-19至图2-3-23中所示。

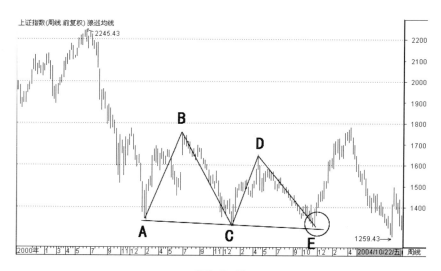

图2-3-19

图2-3-20

图2-3-21

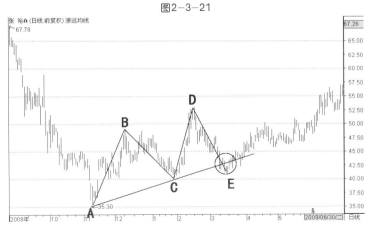

图2-3-22

在上面的四幅图示中，我们可以看到，行情经历过ABCD三波行情之后，形成了一个M型的走势形态，但当其形态中的最后一波行情的高点E运行到其颈线附近时，行情遇到了下跌阻力，行情开始反转走高，步入涨势。

我们再来看看下面的各图中的蝶形平分线。

下图中的这两个图示，是蝶形走势的另一种形式的底部阻力平分线（托底线），即以AB行情的1/3（A_1），1/2（A_2），2/3（A_3）为起点，以C点为支撑，画出三条平分线。见图2-3-23和图2-3-24中所示。

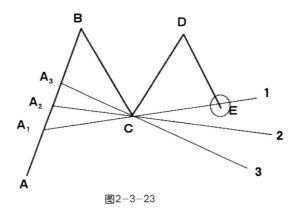

图2-3-23

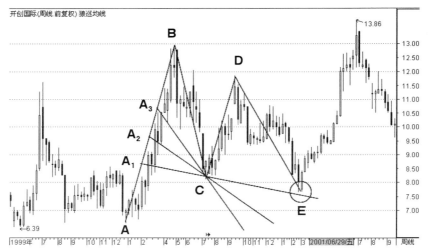

图2-3-24

从上面的图示中，我们可以看到，行情自前一低点A处上涨之后，形成了ABCDE共四波行情，其中下跌行情DE经过一波下跌走势之后，受到了AB行情中的1/3平分线A_1C的托底，行情再次反转向上，步入涨势。

上面的两张图示，是蝶形走势的1/3平分线所形成的下跌托底线，而下面的这两幅图中，则是蝶形走势的1/2平分线所形成的下跌托底线，如图2-3-25和图2-3-26所示。

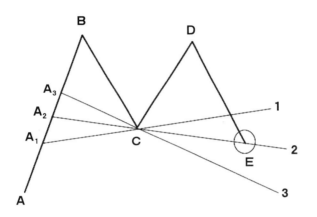

图2-3-25

图2-3-26

从上面的图示中，我们可以看到，行情自前一低点A处上涨之后，形成了ABCDE共四波行情，其中下跌行情DE经过下跌之后，受到了AB行情中的1/2平分线（A₂C）的托底支撑，行情再次反转向上，步入涨势。

上面的两幅图中，是蝶形走势的1/2平分线所形成的下跌托底线，而下面的这两幅图，则是蝶形走势的2/3平分线所形成的下跌托底线，如图2-3-27和图2-3-28中所示。

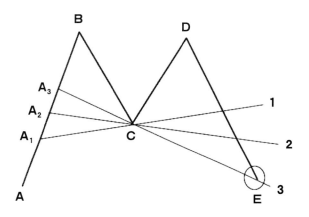

图2-3-27

图2-3-28

从上面的图示中，我们可以看到，行情自前一低点A处上涨之后，形成了ABCDE共四波行情，其中下跌行情DE经过一轮跌势之后，受到了AB行情中的2/3平分线（A_3C）的托底支撑，行情再次反转向上，步入涨势。

通过上面的讲述，我们可以看到，利用对称理论确认蝶形行情"右肘"的运行所应到达的顶部和底部的阻力位置，也是一种非常有效的方法。

当然，在现实交易中，投资者还可以将测算顶部和底部的各平分线与这一方法相互结合使用，通过结合而成的交叉点，可以更加准确地看到一波行情的顶部和底部。因为有时候，对称理论测量顶底的平分线，不能准确地形成行情的落点，但是如果将两种方法结合起来，可以弥补单一方法的不足。如图2–3–32和图2–3–33中所示。其中，图2–3–32是上证指数2001年9月～2004年10月的周线图，图2–3–33是重庆路桥（600106）2007年8月16日～2007年9月17日的30分钟图。

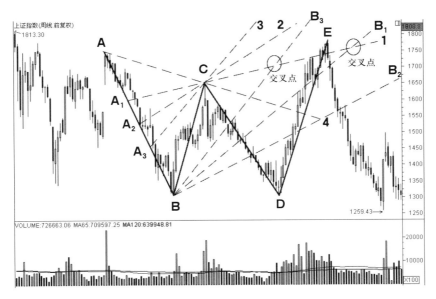

图2–3–32

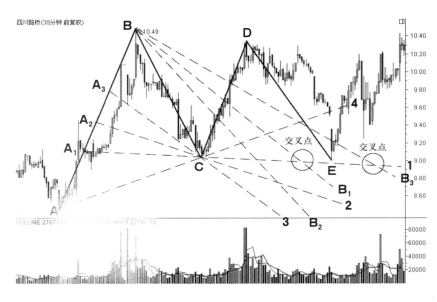

图2-3-33

从上面的两幅图中，我们可以看到，A_1C、A_2C、A_3C分别是行情AB的三条平分线，而BB_1、BB_2、BB_3则是行情CD的三条平分线。

从上面的图示中，我们可以看到，当这两组平分线相互交叉形成一个交叉点的时候，距离行情最近的交叉点，最有可能是行情的顶部和底部。这一点，在实际交易中，投资者应该重视。

为了进一步论证这一点，我们再来看一下图2-3-34和图2-3-35中美元日元1994年1月~2007年12月的月线图。

从下面的图2-3-34中，我们可以看到，图中CD行情的平分线（BB_2）与行情ABCDE的颈线（A-4）相交，形成一个交叉点E，BB_1与A-4相交形成一个交叉点F。但因为交叉点E正好落在行情的顶部位置，又因为其紧靠行情的走势，所以交叉点E就是行情的顶部。

再如图2-3-35所示。

从下面的图2-3-35中，我们可以看到，图中CD行情的1/2

图2-3-34

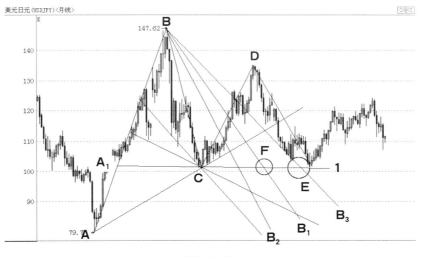

图2-3-35

平分线（BB_1）与AB行情的1/3平分线（A_1-1）相交，BB_3与A_1-1相交形成两个交叉点E和F。因为交叉点E紧贴行情，距离行情最近，所以交叉点E就是行情的底部。

◎ **市场短周期日线空间对称**

短周期的日线对称，是投资者在进行短期交易时判断短期行情的高位和低位（顶部和底部）阻力位置的方法。

我们先来看一下上证指数在日线走势中的空间对称情况，如图2-4-1中所示。

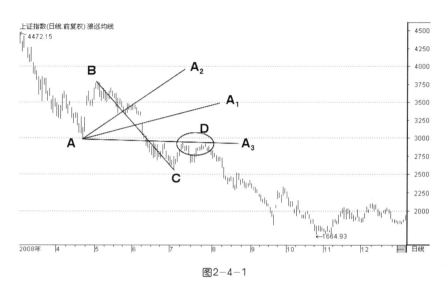

图2-4-1

上图是上证指数2008年3月～2008年12月的日线行情走势图。

从上面的图示中，我们可以看到，行情ABCD经过3轮涨跌行情之后，CD行情的高点D在BC行情的1/3平分线（AA_3）处，遇到平分线的压制，形成上涨下压线形态，行情反转向下，再次步入跌势之中。

图2-4-2是上证指数2008年7月～2009年4月的日线行情走势图。

从下面的图示中，我们可以看到，行情ABCD经过3轮涨跌行情之后，CD行情的高点D在BC行情的1/2平分线（AA_1）处，遇到平分线的压制，形成上涨下压线形态，行情反转向下，再次步入跌势，并创出新低。

图2-4-3是上证指数2008年6月～2009年3月的日线行情走势图。

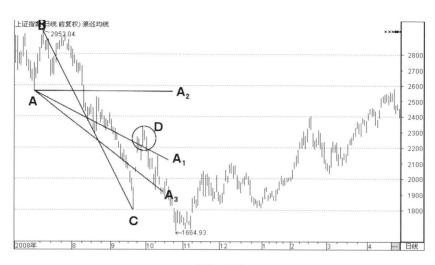

图2-4-2

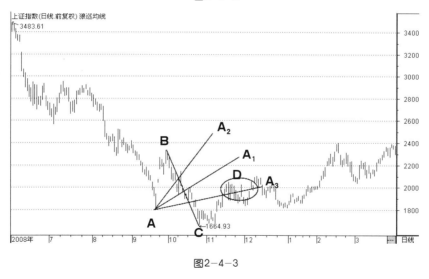

图2-4-3

从上面的图示中，我们可以看到，行情ABCD经过3轮涨跌行情之后，CD行情的高点D在BC行情的1/3平分线（AA₃）处，遇到平分线的压制，形成上涨下压线形态，但行情并没有大幅下跌或再创新低，而是经过一轮震荡之后，反转向上，步入上涨趋势。

我们再来看一下1664.93的底部在大周期中的对称情况，如图2-4-4中所示。

图2-4-4

图2-4-4是上证指数2007年1月～2009年2月的日线行情走势图。

从上面的图示中，我们可以看到，行情ABCD是上证指数2007年～2009年之间的一轮大周期的走势。行情在下跌的过程中，曾经出现过多次反弹，直到行情创下低点1664.93之后，才真正触底回升，CD行情的高点D在BC行情的1/3平分线（AA₃）处，遇到平分线的压制，形成上涨下压线形态，行情不再大幅下跌或再创新低，而是经过一轮震荡之后，反转向上，步入上涨趋势之中。所以投资者应该记住，当行情遇到上涨阻力线压制，虽然下跌但不再创出新低就再次反转向上，通常都是行情反转的征兆。

上面我们讲述的都是行情的上涨下压线的走势形态，接下来，我们再来讲一下下跌托底线的走势形态。

我们先来看图2-4-5中上证指数2008年7月～2009年4月之间的日线行情走势图。

从下面的图示中，我们可以看到，行情ABCD经过3轮涨跌行情之后，CD行情的低点D在BC行情的1/2平分线（AA₁）处，遇到平分线的支撑，形成下跌托底线形态，行情反转向

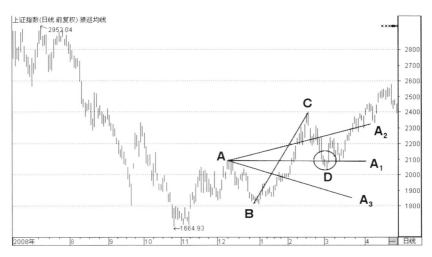

图2-4-5

上，再次步入涨势，并创出新高。

图2-4-6是上证指数2008年9月～2009年10月的日线行情
走势图。

从下面的图示中，我们可以看到，行情ABCD经过3轮涨
跌行情之后，CD行情的低点D在BC行情的2/3平分线（AA₃）
处，遇到平分线的支撑，形成下跌托底线形态，行情反转向
上，再次步入上涨趋势。

图2-4-6

◎ 市场中周期周线空间对称

中周期的周线对称，是投资者在进行中期交易时，判断中期行情的高位和低位（顶部和底部）阻力位置的方法。

除了用日线中的对称方法，来预判一波行情的顶部和底部的阻力位置之外，还可以用周线来预判一波行情的高位和地位（顶部和底部）区域。在这一节中，我们全部用深证成指的行情走势来做图例，逐一说明这一方法。我们先来看图2-5-1中所示。

图2-5-1

图2-5-1是深证成指1991年6月～1993年8月的周线行情走势图。

从上面的图示中，我们可以看到，行情ABCD经过3轮涨跌行情之后，CD行情的低点D在BC行情的1/2平分线（AA₁）处，遇到平分线的支撑，形成下跌托底线形态，行情反转向上，形成一波反弹行情。

图2-5-2是深证成指1992年10月～1995年7月的周线行情走势图。

从下面的图示中，我们可以看到，行情ABCD经过3轮涨

图2-5-2

跌行情之后，CD行情的高点D在BC行情的1/3平分线（AA_3）处，遇到平分线的压制，形成上涨下压线形态，行情反转向下，再一次步入跌势行情。

图2-5-3依然是深证成指1992年10月～1995年7月的周线行情走势图。我们再来看一下深证成指自图2-5-2下跌之后的走势形态。如图2-5-3所示。

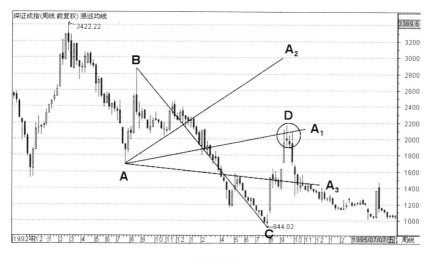

图2-5-3

从上面的图示中，我们可以看到，行情ABCD经过3轮涨跌行情之后，CD行情的高点D在BC行情的1/2平分线（AA₁）处，遇到平分线的压制，形成上涨下压线形态，指数反转向下，再一次步入另一波跌势行情。

图2-5-4是深证成指1996年11月~1999年9月的周线行情走势图。

图2-5-4

从上面的图示中，我们可以看到，行情ABCD经过3轮涨跌行情之后，CD行情的高点D在BC行情的1/3平分线（AA₃）处，遇到平分线的压制，形成上涨下压线形态，指数反转向下，步入一波震荡跌势行情。

图2-5-5是深证成指1998年11月~2001年10月的周线行情走势图。

从下面的图示中，我们可以看到，行情ABCD经过3轮涨跌行情之后，CD行情的低点D在BC行情的1/3平分线（AA₂）处，遇到平分线的支撑，形成下跌托底线形态，行情反转向上，形成一波反弹行情。

图2-5-6是深证成指2000年1月~2003年10月的周线行情走势图。

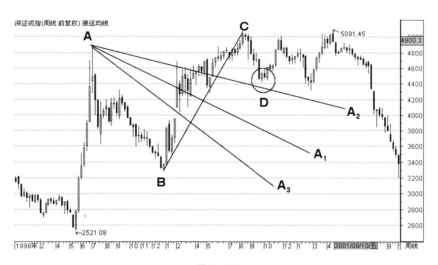

图2-5-5

图2-5-6

从上面的图示中，我们可以看到，行情ABCD经过3轮涨跌行情之后，CD行情的高点D在BC行情的1/2平分线（AA₁）处，遇到平分线的压制，形成上涨下压线形态，指数虽然高升，但依然没有改变下跌的局面，好在行情再次下跌时候，未创新低，所以行情在此之后，步入一波上涨行情。通过图2-5-7中我们可以看到之后行情的走势情况，再次应验了上面我们说到的"在一波下跌行情中，如果这一波行情经过一波反弹之后，行情上涨到1/3平分线或1/2平分线下方遇阻，形成上涨下压线时，虽再次走低，但并未创出新低，就重新返回，步入另一波涨势，这意味着行情有可能反转和继续向好"。

图2-5-7是深证成指2002年10月～2005年7月的周线行情走势图。

图2-5-7

从上面的图示中，我们可以看到，行情ABCD经过3轮涨跌行情之后，CD行情的高点D在BC行情的2/3平分线（AA₃）处，遇到平分线的支撑，形成下跌托底线形态，形成一波反弹行情。

图2-5-8也是深证成指2002年10月～2005年7月的周线行情走势图。

从下面的图示中，我们可以看到，行情ABCD经过3轮涨跌行情之后，CD行情的高点D在BC行情的1/3平分线（AA₃）处，遇到平分线的压制，形成上涨下压线形态，指数反转向下，步入一波震荡跌势行情。

图2-5-9依然是深证成指2002年10月～2005年7月的周线

图2-5-8

图2-5-9

行情走势图。

　　从上面的图示中，我们可以看到，行情ABCD经过3轮涨跌行情之后，CD行情的高点D在BC行情的1/3平分线（AA₃）处，遇到平分线的压制，形成上涨下压线形态，指数反转向下，步入大幅下跌行情。

◎ 市场长周期月线空间对称

在上面我们讲述了日线行情的空间对称性和周线行情的空间对称性，在这一节中，我们再来讲述一下月线图中的空间对称性。

长周期的月线对称，是投资者在进行长期交易时，判断长期行情的高位和低位（顶部和底部）阻力位置的方法。

我们先来看一下深证成指1991年4月～2002年3月的月线行情走势图，如图2-6-1中所示。

图2-6-1

从上面的图示中，我们可以看到，行情ABCD经过3轮涨跌行情之后，CD行情的高点D在BC行情的2/3平分线（AA$_2$）处，遇到平分线的压制，形成上涨下压线形态，指数反转向下，步入大幅下跌行情。

图2-6-2也是深证成指1991年4月～2002年3月的月线行情走势图。

从下面的图示中，我们可以看到，行情ABCD经过3轮涨跌行情之后，CD行情的高点D在BC行情辅助线A'为起点的1/2平分线（A'A$_1$）处，遇到平分线的支撑，形成下跌托底线形

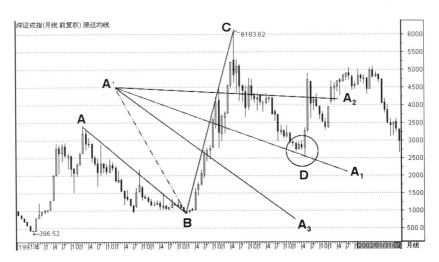

图2-6-2

态，形成一波反弹行情。

图2-6-3依然是深证成指1991年4月～2002年3月的月线行
情走势图。

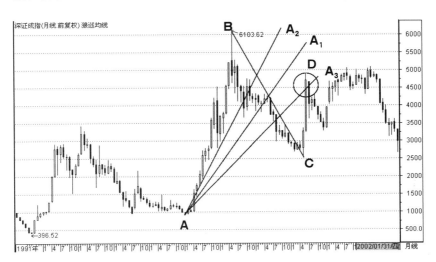

图2-6-3

从上面的图示中，我们可以看到，行情ABCD经过3轮涨
跌行情之后，CD行情的高点D在BC行情的1/3平分线（AA$_3$）
处，遇到平分线的压制，形成上涨下压线形态，指数反转向

下，步入大幅下跌行情。

图2-6-4是深康佳A（000016）1997年4月～2009年10月的月线行情走势图。

图2-6-4

从上面的图示中，我们可以看到，深康佳A（000016）的行情ABCD经过3轮涨跌行情之后，CD行情的高点D在BC行情的1/2平分线（A A$_1$）处，遇到平分线的压制，形成上涨下压线形态，指数反转向下，步入大幅下跌行情。

图2-6-5是同方股份（600100）1997年4月～2009年11月的月线行情走势图。

从下面的图示中，我们可以看到，同方股份（600100）的行情ABCD经过3轮涨跌行情之后，CD行情的高点D在BC行情的1/2平分线（A A$_1$）处，遇到平分线的压制，形成上涨下压线形态，指数反转向下，步入大幅下跌行情。

图2-6-6是重庆路桥（600106）1997年4月～2009年11月的月线行情走势图。

从上面的图示中，我们可以看到，重庆路桥（600106）的行情ABCD经过3轮涨跌行情之后，CD行情的高点D在BC行情的2/3平分线（A A$_2$）处，遇到平分线的压制，形成上涨下压线

图2-6-5

图2-6-6

形态，指数反转向下，步入大幅下跌行情。

　　在上面的图示中，我们看到了，当行情经过大幅的波动之后，通过月线对称形态，通常可以发现一波行情的高位和低位，甚至是一波牛市的顶点或一波熊市的低点。

　　当然，投资者在实际应用中，还应该考虑除权和复权的问题，如果复权的行情走势无法实现对称，你就可以再除权一下看看，如果除权的行情走势无法实现对称，就再复权看看，这一点也很重要。

在上面，我们连续采用了很多日线、周线、月线的行情走势图，来逐波验证对称理论的空间对称的可行性。通过不断的证明，我们可以肯定，对称理论完全可以成为一种预判行情未来顶部和底部的阻力位置的专业理论和方法。

第三章　对称理论的波长

Chapter3

对称理论的另一要素就是波长，即一波行情自上涨的低点到高点之间的波幅长度。

波长的作用是什么？波长都有什么样的变化？其不同的变化又意味着什么？

我的回答是，行情涨跌的波长，所表现的是行情上涨或下跌的力量变化。波长有收缩、扩张和延续三种变化。如果目前行情在上涨中其波长较前一波上涨行情相比在逐波收缩，则意味着目前这波行情上涨的力量在缩小。同样，如果行情在下跌的过程中，其波长较前一波下跌行情的波长相比出现收缩，则意味着目前这波行情下跌的力量在缩小。

波长扩张则与此相反，如果行情在上涨的过程中，目前的波长幅度较前一波行情的上涨波长相比出现扩张延长，则说明目前这波行情上涨的力量在增大。如果行情在下跌的过程中，其波长较前一波下跌行情的波长相比在扩张延长，则意味着目前这波行情下跌的力量在增大。

波长持续指的是，如果行情处于上涨行情之中，目前行情的波长与前一轮上涨行情的波长的长度相同，则说明目前行情的上涨力度较上一波上涨行情的上涨力度而言，没有减小也没有扩大。同样，如果行情处于下跌行情之中，目前行情的波长与前一轮下跌行情的波长的长度相同，则说明目前行情的下跌力度较上一波行情的下跌力度而言，没有减小也没有扩大。

我们先来看一下图3-1-1中五粮液（000858）2006年7月~2008年8月的日线行情走势中，上涨波长的对比情况。

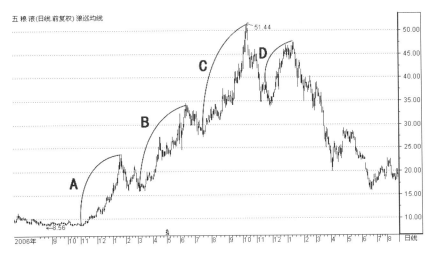

图3-1-1

从上面的图示中，我们可以看到，五粮液（000858）在2006年10月之后的上涨过程中，行情经过A波行情之后，又出现了行情B和行情C两波涨势，并且这三波涨势的波长基本相同，属于波长持续形态，说明行情上涨的力量在这三波涨势中是相同的。

接下来，我们再看，当五粮液（000858）的股价创下51.44元高点之后，股价出现了一波下跌行情，经过一轮下跌之后，股价止跌企稳，再次上涨，并出现了上涨行情D，但并没有再次创出新高。从行情D中我们可以看到，D波行情的波长较A、B、C三波行情相比，出现了明显的收缩形态，其长度只相当于前三波行情的2/3，在没有创出新高的情况之下，行情再次下跌，并步入熊市。

由此我们先下一条结论：如果本轮上涨行情的波长较之先

前的上涨行情的波长相比，在逐波收缩且无法创出新高，则意味着本轮行情的上涨力量在减弱，后市行情不容乐观，这通常都是行情即将反转向下步入跌势的征兆。

接下来，我们再来看一下图3-1-2中，五粮液（000858）2006年7月～2008年8月的日线行情走势中的下跌波长对比结果。

图3-1-2

从上面的图示中，我们可以看到，五粮液在上涨的过程中出现过三波大幅度的上涨，但也出现过三波小幅度的回调，如图中E、F、G三波行情。在图中我们可以看到，下跌行情F的波长要略小于行情E的波长，而行情G的波长则远大于行情F和行情E的波长，大约是行情E和行情F的两倍长度，按照我们上面所说的，这就是下跌波长扩张延长，属于下跌的力量在增加的信号。之后我们就可以看到，五粮液（000858）在51.44元高点下跌之后，就再也没有创出新高，原因不言而喻，市场下跌的力量远大于上涨的力量。接下来，我们就可以看到五粮液（000858）在高位创新高失败之后，便一路狂泻，出现了下跌行情H。从图中，我们可以看到行情H的波长远大于行情G的波长，大约是行情G的波长的两倍，属于明显的波长扩张形态，属于下跌力量在加大的预兆，所以行情不会即可见底，只会持续下跌。从图中，我们可以看到，行情经过一轮反弹之后，便再一次出现下跌走势，并形成了下跌行情I，这时候，我们可以看到，行情I的波长在缩短，这意味着下跌行情的力量在逐步缩小。

五粮液（000858）后面的走势变化如何？

我们来看一看图3-1-3中五粮液（000858）在2007年12月～2009年9月的一段日向行情走势，情况就一清二楚了。

图3-1-3

从上面的图示中，我们可以看到，五粮液（000858）之后的走势也是在逐波收缩。换言之，五粮液（000858）的下跌力量在逐波缩小。

当股价自下跌行情H之后，便形成了下跌行情I，下跌行情I的波长明显小于行情H的波长，当行情经过一轮反弹之后，又出现了一波下跌行情，形成了下跌行情J，而行情J的波长又明显小于行情I的波长，接着行情再次下跌，并形成了下跌行情K，行情K的波长与行情J的波长基本一致，没有出现收缩现象，也没有出现延长，这说明目前行情的下跌力度并没有什么变化。当行情创下低点11.64元之后，行情再一次出现上涨走势，但之后我们就会看到，行情下跌的波长出现了新的变化，下跌行情L的波长在收缩，行情并没有在此之后创出新低，股价就此反转向上了。

就此，我们再来下一条结论：如果本轮下跌行情的波长较之先前的下跌行情的波长相比，在逐波收缩且无法创出新低的话，则意味着本轮行情的下跌力量在逐步减弱，这通常都是行情即将到底的向好征兆，后市将有可能就此反转，步入涨势。

我们再来看一下上证指数2004年12月～2009年2月的一段日线行情走势图。如图3-1-4和图3-1-5所示。

从图3-1-4中，我们可以看到，上证指数在2005年～2007年之间在上涨的过程中，也出现过三波上涨行情，第一波是行情A，第二波是行情B，第三波是行情C，其中A、B、C行情的波长基本相同。第四波是行情D，从图中，我们可以看到，行情D的波长似乎要比行情A、行情B和行情C稍长一点，似乎上涨的力量在增加。但接下来，我们就会看到行情出现了不利的变化，行情创下高点6124.04点之后，便开始出现了一波较大幅度的回调，即图3-1-5中的下跌行情I，之后，指数虽然在此上涨，但并没有再次创出新高，即图3-1-4中的行情E，并且行

图3-1-4

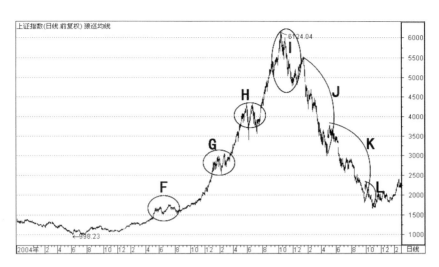

图3－1－5

情E的上涨波长远小于前面的四波行情的波长，属于波长收缩形态，说明行情上涨的力量在减弱。随后我们就可以看到，行情开始大幅下跌，步入熊市。

从图3－1－5中，我们可以看到，上证指数自下跌行情I之后，便加大了下跌的力度，形成了下跌行情J，从图中，我们可以看到，下跌行情J的波长远大于下跌行情I的波长，形成波长扩张延伸形态，属于下跌力量加强的信号，随后我们就可以看到，行情继续下跌，形成了下跌行情K，并且行情K的波长与行情J的波长均等，属于波长持续的形态，说明行情下跌的力量依然不减。接下来，行情还有可能继续下跌。随后，我们看到，指数真的又下跌了，形成了下跌行情L，但行情L的波长出现了收缩的现象，行情下跌的力量开始减弱。之后行情反转向上，再也没有创下新低，一轮新的涨势又形成了。

我们再来看一下中国联通（600050）的股价走势图。如图3－1－6和图3－1－7所示，中国联通（600050）2005年5月～2008年12月的日线走势图。

从下面的图示中，我们可以看到，中国联通（600050）在2005年～2007年之间的上涨行情中，曾经历了三波上涨行情，

图3-1-6

图3-1-7

一波是上涨行情A，一波是上涨行情B，最后一波是上涨行情C。从图中，我们可以看到行情A和行情B的波长基本上都是相同的，而出现行情C的时候，行情C的波长却出现了收缩现象。在前面我们曾经说过，上涨中的行情波长出现收缩现象，意味着行情上涨的力量正在减弱，属于不利的行情信号。之后，我们就看到，中国联通（600050）的股价，自高点13.37元开始，出现了大幅的跌势。即便是其后来在一个相对低的位置出现了一波涨势D，从图中我们可以看到，其上涨的波长相对于行情A、B、C三波行情而言，也是明显收缩的，所以行情无法持续向上。

我们再配合图3－1－7的行情图示，来看一下中国联通（600050）下跌行情的波长变化。

从图3－1－7中，我们可以看到，中国联通（600050）在上涨的过程中曾经出现过两波回调行情，分别是回调行情E和回调行情F。在图中我们不难看到，回调行情F的波长明显大于行情E的波长，属于波长扩张延长的形态。正如我们前面所言，下跌行情的波长出现扩张延长，说明行情下跌的力量正在逐步加大。之后，从图3－1－6中，我们可以看到，上涨行情C在回调行情F之后，出现了上涨收缩现象，由此我们就可以知道，上涨行情C的上涨收缩是因为在前一波回调行情F中，下跌力量的增加导致了行情上涨力量的减弱。此后行情便见顶反转，进入熊市了。

由此，我们再来下一条结论：在上涨行情中，若下跌（回调）的波长出现了扩张延长现象，之后上涨行情又出现了上涨收缩的现象，就属于下跌力量在增大。上涨力量在缩小的多空转换信号，这通常是行情前景堪忧的征兆，行情很有可能出现反转下跌的走势。

我们再来看一下深康佳A（000016）1994年3月～1999年12月之间的日线行情走势图。如图3－1－8和3－1－9中所示。

从下面的图示中，我们可以看到，深康佳A（000016）在1996年～1997年之间的上涨行情中，曾出现过两波上涨行情，一波是上涨行情A，一波是上涨行情B。从图中，我们可以看到，行情A和行情B的波长基本上是一样的，而在行情创下高点之后的行情C中，出现了上涨收缩现象。这充分地说明，深康佳A（000016）的股价走势已经步入熊市之中了，属于一个后市堪忧的信号。

为了看得更明确一些，我们在来结合一下图3－1－9，看一

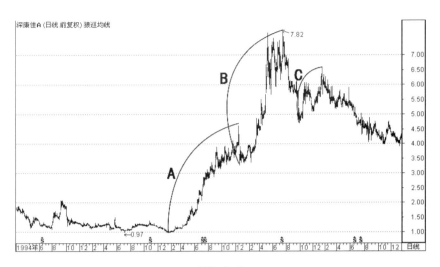

图3-1-8

图3-1-9

看其下跌回调行情的波长形态如何。

从图3-1-9中，我们可以看到，深康佳A（000016）在行情上涨的过程中，只出现过一波回调行情D，当第二波回调出现的时候，其实就是下跌行情E（现实当中我们不会知道行情E之后会不会创出新高，所以我们就暂时将行情E当成是回调），下跌行情E出现扩张延长现象，属于卖方力量在增强的信号。之后我们就可以看到，上涨行情C没有再创新高，并且也出现了上涨收缩的现象，其波长远小于上涨行情B的波长，行情随后就步入漫漫熊市之中了。

我们再来看一下武钢股份（600005）2006年6月～2008年9月的日线行情走势图，如图3-1-10和3-1-11中所示。

从下面的图示中，我们可以看到，武钢股份（600005）的股价走势，在2006年～2007年的上涨行情中，出现了三波上涨行情，分别是行情A、行情B和行情C。

图3-1-10

图3-1-11

从图中，我们还可以看到武钢股份（600005）的第一波上涨行情A的上涨波长最长，行情B的上涨波长则略小于行情A的波长，而行情C的波长又小于行情B的波长，行情呈逐波收缩的形态攀升。最后，行情在创出新高之后，再次上涨，并形成了上涨行情D，但其波长远小于前面行情C的波长。

通过前面的波上收缩结论，我们可以知道，武钢股份（600005）的股价走势，在上涨的过程中，多方上涨的力量在逐波减弱，而空方下跌的力量却在逐波增加。所以当持有这支股票的投资者在第二波上涨行情B出现回调的时候，就应该逐步将手中的股票减仓。当其后面出现了上涨行情C时，就属于平仓的信号而不是买入的信号。

从图3-1-11中我们可以看到，武钢股份（600005）的行情在上涨的过程中，也出现过两次大幅下跌回调走势，即行情E和回调行情F。其中第二波回调行情F的波长出现了扩张延长的形态，大于回调行情E的波长，行情下跌的力量在逐波增大，随后行情自高位23.08元开始下跌，形成下跌行情G。从图中我们可以看到，下跌行情G的波长远大于行情F的波长，且后面的下跌行情H的波长也大于前面的下跌行情G的波长，属于下跌力量逐波增加的空头信号。

在这里，我还要简单地讲述一下，前面我们说武钢股份（600005）在上涨的过程中，当第二波上涨行情B出现收缩形态的时候就应该开始减仓，当其后面出现了上涨行情C时就属于平仓的信号。

这是因为行情在逐波上涨的过程中，若出现上涨行情的波长逐波收缩的现象时，通常会导致周线图中主图中的价格走势与副图中的MACD指标形成顶背离的形态。

我们来看一下武钢股份（600005）2006年10月～2008年12月的周线行情走势图，看是不是真的如此。如图3-1-12所示。

从下面的图示中，我们可以看到，在相同的周期之内，武钢股份（600005）的周线图在不断上涨的过程中，真的与

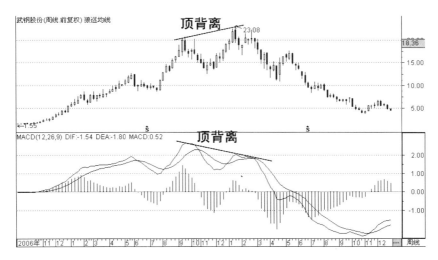

图3-1-12

MACD指标形成了顶背离的形态。

投资者在遇到此类行情走势特征的时候，一定要留意其周线图中的走势是否形成了顶背离的形态，以免误入虎穴，耽误卖出时机。

我们再来看一下东风汽车（600006）2005年6月～2008年6月的日线行情走势图。如图3-1-13和图3-1-14所示。

图3-1-13

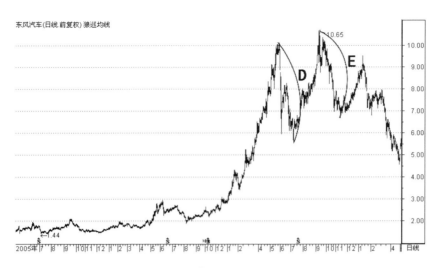

图3-1-14

从上面的图示中，我们可以看到，东风汽车（600006）的股价走势在2006年～2007年上涨的过程中，只出现过一次幅度较大的上涨走势，便出现了一波大幅下跌的行情。接着，行情再次上涨，形成上涨行情B。但从图3-1-13中我们可以看到，上涨行情B的波长远小于上涨行情A的波长，属于上涨波长收缩的形态，说明上涨的力量已经衰弱。

之后，行情虽然创出新高10.65元，但接下来，行情便再一次出现下跌，形成了下跌行情E，并且从图3-1-14中，我们可以看到，下跌行情E的波长根本就没有收缩，而是与前一波下跌行情D的波长几乎相等，但上涨的波长却在逐波收缩，如图3-1-13中的上涨行情C的波长小于上涨行情B的波长。这样的走势形态充分地说明，上涨的力量在逐波衰弱，而下跌行情的力量却并没有减少，甚至在逐波增加。之后行情便再次走弱，步入下跌的趋势之中。

在前面我们曾经说过，行情逐波收缩，通常会导致周线图中的股价走势与MACD指标形成顶背离的形态。我们来看一下图3-1-15中东风汽车（600006）2005年1月～2008年11月的周线行情走势，看看是不是形成了顶背离。

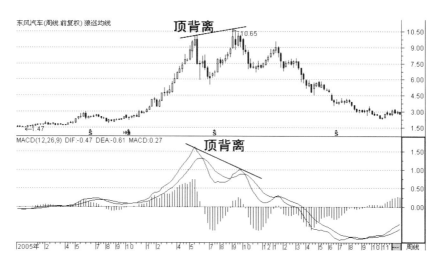

图3-1-15

从上面的图示中，我们可以看到，在相同的周期之内，武钢股份（600005）的周线股价走势，也与其下方的MACD指标形成了顶背离的形态。不仅如此，在日线图中，武钢股份（600005）的股价走势还形成了空间对称性，如图3-1-16中所示。

从下面的图示中，我们可以看到，东风汽车（600006）的

图3-1-16

股价走势在新高10.65元之后，股价下跌，但再次回升的时候，却与前一波行情形成了空间对称形态，其高点D正好落在BC行情的1/3平分线的压力区域，形成了上涨下压线（上涨阻力线），之后股价便直接下跌，步入熊市之中。

我们再来看一下，首创股份（600008）2004年2月～2008年7月的一段周线行情走势图。如图3－1－17和图3－1－18所示。

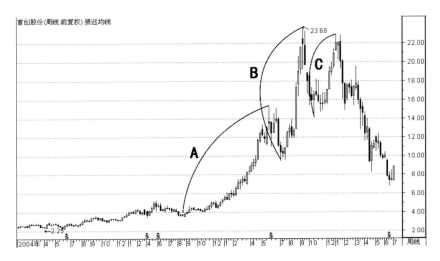

图3－1－17

图3－1－18

从上面的图示中，我们可以看到，首创股份（600008）的行情在上涨创高点的过程中，曾出现过两波上涨行情，分别是上涨行情A和上涨行情B。

在图中，我们可以看到，行情B的波长与行情A的波长基本上是一致，但当行情创下23.68元高点之后，行情出现了较大的跌幅。从图3－1－18中我们可以看到，下跌行情E的波长远大于下跌行情D的波长，下跌波长出现扩张延伸的形态，下跌的力量在逐步加大。

我们再回到图3－1－17中，可以看到，自从首创股份（600008）的行情从高点23.68元开始下跌之后，虽然股价再次上涨，但却并没有再创新高，且股价上涨的波长却较前一波行情B出现了明显的收缩，行情上涨的力量出现了衰减的现象，在上涨行情衰退和下跌行情加大的情况之下，行情要想持续上涨，必定是不可能的。随后首创股份（600008）的股价走势也随着大盘的走软，而步入熊市之中。

出现上述情况时，我们再来看一下首创股份（600008）的周线走势图与MACD指标的结合情况和对称情况。如图3－1－19和图3－1－20中所示。

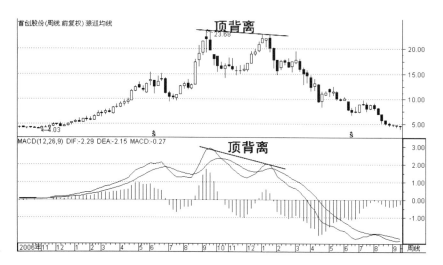

图3－1－19

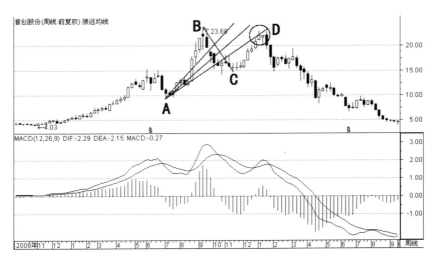

图3-1-20

从上面的图示中，我们可以看到，首创股份（600008）的股价走势明显地与MACD指标形成了一个不太规则的背离形态，其最高点之后的第二个高位D也处于BC行情的1/3平分线的压力区域遇阻，形成了上涨下压线形态，之后股价逐波向下。

首创股份（600008）的股价走势，在形成顶部的时候曾经出现并符合多种见顶征兆，不但出现了上涨波长收缩现象，还出现了下跌波长延伸，且与MACD指标形成顶背离形态，以及空间对称中的上涨下压线形态等。

所以投资者在实际交易的时候，若发现符合多种信号的行情走势时，应特别留意反转信号。

图3-1-21至图3-1-23是上港集团（600018）2002年12月～2005年2月的一段周线股价走势图。

我们可以看到上港集团（600018）的股价走势与上面各图示中的走势形态并不一样。从图中，我们可以看到，上涨行情A经过一轮回调之后，行情便持续上涨，并形成了上涨行情B，上涨行情B的波长小于上涨行情A的波长，形成了上涨收缩的现象，上涨的力量出现了收缩。接下来，我们就可以看到行情再

图3-1-21

图3-1-22

次回调的幅度加大了，如图3-1-22中的下跌行情F，之后行情
再一次上涨，并且创出新高2.85元，形成了上涨行情C，上涨
行情C的波长虽然与行情B的波长相比出现了扩张延长的现象，
但其后面的上涨行情D却依然再次收缩。从上面的两幅图中，我
们可以看到，上涨行情A的波长与上涨行情C的波长相一致，而

上涨行情B的波长与上涨行情D的波长相一致，但只可惜上涨行情D没有创出新高，且从图3-1-22中我们可以看到，其下跌行情F、G、H的波长都基本一致，属于上涨力量逐波减弱而下跌力量持续一致的形态。

我们再看一下图3-1-23中所示的主图中的股价走势与MACD指标的结合情况。

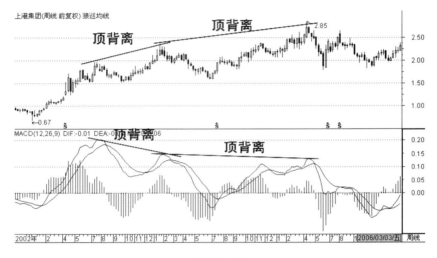

图3-1-23

从图中我们可以看到，上港集团（600018）的股价走势曾经两次与MACD指标形成顶背离形态，其后面的行情出现了长时间的震荡整理，也属于合情合理的。

在图3-1-24至图3-1-26中，中原高速（600020）2004年2月～2006年9月的周线走势与上港集团（600018）的走势基本一致。

从下面的图示中，我们可以看到，中原高速（600020）的股价在上涨的过程中，曾出现过两波上涨行情，分别是上涨行情A和上涨行情B。当上涨行情A结束之后，行情经历了第一波较大幅度的回调，在经历了6周左右的下挫之后，便触底反弹，并创出高点3.17元，形成了上涨行情B。从图中，我们可以看到，行情B的波长与行情A的波长没有多大差别，但之后行情却

图3-1-24

图3-1-25

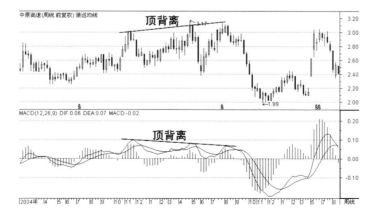

图3-1-26

经历了一次幅度较大的跌幅。从图3-1-25中可以看到，股价下跌的时间约是4个周，形成了下跌行情E，但波长幅度却明显大于上一波下跌行情D，并且从上涨行情C中，我们可以看到上涨行情C并没有创出新高。且从图3-1-26中我们可以看到，其主图中的股价走势与MACD指标形成了明显的顶背离形态，行情见顶的信号出现，其后市走势不言而喻，随后我们便看到，行情出现了一波更大幅度的下跌。

通过上面的论述，我们再来总结一下：

一、如果行情在上涨的过程中，上涨波长出现了收缩现象，则意味着市场中的多方力量在减弱，此后若出现跌势，可能会较前一波下跌行情的跌势加强。

二、如果行情在上涨的过程中，上涨波长出现了扩张和持续不变的现象，则意味着市场中的多方力量在逐步加强或持续原先的上涨势头，行情即使出现下跌，也不会轻易改变上涨的趋势。

三、如果行情在下跌的过程中，下跌波长出现了收缩现象，则意味着市场中的空方力量在减弱，此后若出现涨势，可能会较前一波上涨行情的涨势加强。

四、如果行情在下跌的过程中，下跌波长出现了扩张和持续不变的现象，则意味着市场中的空方力量在逐步加强或持续原先的下跌势头，行情即使出现上涨，也不会轻易改变下跌的趋势。

五、如果行情在上涨的过程中，上涨的行情出现了波长收缩的现象，且下跌行情的波长出现了扩张延长或持续不变的现象，并不再创出新高，这通常意味着行情上涨的力量倾向衰弱，下跌的力量正在加强或不变，行情有可能会步入熊市。

六、如果行情在下跌的过程中，下跌的行情出现了波长收缩的现象，且上涨行情的波长出现了扩张延长或持续不变的现象，并不再创出新低，这通常意味着行情下跌的力量倾向衰弱，上涨的力量正在加强或不变，行情有可能会步入牛市。

七、如果行情在上涨的过程中，上涨波长在逐波收缩，但下跌波长不变，或出现扩张延长的形态，其周线图中的股价走势很有可能与MACD指标形成顶背离，并形成对称理论中的上涨下压线（即对称理论空间对称中预示顶部的1／3或1／2阻力线），行情有可能形成顶部，属于卖出平仓的最佳时机。

八、如果行情在下跌的过程中，下跌波长在逐波收缩，但上涨波长不变，或出现扩张延长的形态，其周线图中的股价走势很有可能与MACD指标形成顶背离，并形成对称理论中的下跌支撑线（即对称理论空间对称中预示底部的1／3或1／2阻力线），行情有可能形成底部，属于关注建仓的最佳时机。

第四章　对称理论的黄金角度线

Chapter4

　　黄金分割最早是一种由古希腊人发明的几何学公式，由公元前6世纪古希腊数学家毕达哥拉斯所发现。

　　黄金分割中的0.618这个奇妙数值，不仅是在美学造型方面常用的一个意义非常的比值，也表现出数学发展的一个规律。它表明研究和发展数学理论是十分重要的。纯理论的发展对实践的作用也许不是直接的，但它所揭示的自然规律必将指导人们的社会实践。因此，一方面我们遇到问题应该寻找数学方法解决；另一方面，我们也应为纯数学理论开辟应用领域。随着社会的发展，人们发现黄金分割在自然和社会中的作用也越来越重要。数值0.618也为更多数学家所关注，它的出现解决了许多数学难题，如十等分和五等分圆周，求18°、36°角的正弦和余弦值等，这使优选法成为可能。

　　美国数学家基弗于1953年提出的一种优选法，从1970年开始在我国推广，取得很好的经济效益。优选法是一种求最优化问题的方法。如在炼钢时需要加入某种化学元素来增加钢材的强度，假设已知在每吨钢中需加入该化学元素的量在1000～2000克之间，为了求得最恰当的加入量，需要在1000～2000克这个区间中进行实验，通常是取区间的中点(即1500克)做实验，然后将实验结果分别与1000克和2000克时的实验结果做比较，从中选取强度较高的两点作为新的区间，再取新区间的中点做实验，然后比较端点，依次下去，直到取得最理想的结果。这种实验法称为对分法。但这种方法并不是最快的实验方法，如果将实验点取在区间的0.618处，那么实验的次数将大大减少。这种取区间的0.618处作为实验点的方法就是一维的优选法，也称0.618法。实践证明，对于一个因素的问题，用"0.618法"做16次实验就可以完成"对分法"做2500次实验所达到的效果。在投机市场中股票、商品、外汇等的价格走势同样遵循黄金分割定律。在长时间的摸索中我发现，与黄金分割中的0.618、0.382的比例相关的数字还有0.809、0.764、0.573、0.427、0.236、0.191，这些数字之间同样遵循黄金分割。如果将这些数字的两个首尾相加，其结果都等于1。比如，0.764+0.236＝1，0.809+0.191＝1，0.618+0.382＝1，0.573+0.427＝1。在我的实际应用中，以90°角为标准，按比例画出趋势线和比例线，非常有利于管理价格走势（趋势）。换言之，按照以上数字的比例画出来的角度线往往都是行情趋势最普遍的走势角度，与黄金回撤的道理一样，黄金回撤分割线通常都是行情回撤经常达到的比例线。如果你能够理解行情回撤的黄金分割百分比，那么你就会理解行情走势的角度为什么也是按照黄金分割的角度运行。这种方法是我发现的另一种方法，也是对称理论中的一种非常有效的趋势管理和出局确认方法，是对称理论的另一重要工具。在这一章里，我们就要详细地介绍一下这种方法。

这种方法简单地说，就是用8个黄金分割数字加上0.5共9个数字，分别与90°角相乘，就得出了9条角度线，就是趋势通

常运行的角度。这些黄金分割数字分别是：0.809、0.764、
0.618、0.573、0.5、0.427、0.382、0.236、0.191。如果你
知道行情回撤的幅度与这些数字有关，那么你也应该知道波浪
理论中所提到的黄金分割数字周期效应，即行情运行的周期达
到5、8、13、21、34、55、89、144日时，通常会出现变化。
知道了上面的两个规律之后，你就应该知道，行情趋势的走向
基本上都是按照以上这些数字乘以90°角的趋势运行，按照以上
黄金数字所画出来的角度线，正是趋势最普遍的走势角度，与
行情回撤的黄金分割阻力位是一样的道理。如图4-1-1中所示
的上涨角度线。

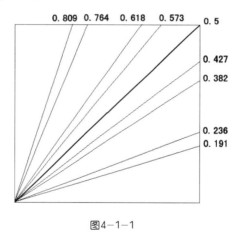

图4-1-1

　　图4-1-1中最主要的角度通道就是两条相邻的角度线形成
的宽线通道。一般情况下，行情大都会在两条相邻的角度线形
成的宽线通道内运行，即图中0.764~0.618之间相对较宽的通
道，我们通常把这些相对较宽的通道叫做宽线通道或宽通道。
宽线通道就是行情上涨和下跌时，趋势运行的通道（角度）。
0.809和0.764这两条角度线之间的通道就叫做窄线通道，是趋
势波动攻击的阻力通道，也可以叫做确认通道，即趋势在过度
波动的时候，如果突破这一通道，通常都是行情变换通道的信
号。接下来，0.764和0.618这两条角度线之间的通道是宽线
通道，0.618和0.573这两条角度线之间的通道是窄线通道，

0.573和0.427这两条角度线之间的通道是宽线通道，0.427和0.382这两条角度线之间的通道是窄线通道，0.382和0.236这两条角度线之间的通道是宽线通道，0.236和0.191这两条角度线之间的通道是窄线通道，0.191和0这两条角度线之间的通道是宽线通道。0.5的角度线为涨跌分界线。

换言之，行情的趋势走向，大多数都是在宽线通道内运行，如果行情在上涨的过程中跌穿了原先的通道角度线，那么这预示着趋势失去了原有的上涨力量，要变换通道了或者说要变换运行轨道了。当然，我们更喜欢它变换到更上方的通道内运行，因为这预示着新生的市场力量把行情推升到了一个更高幅度的通道。反之，如果行情没有把行情推升到一个新的上方通道内运行，而是让上方的卖出压力把行情打压到了下方的运行通道内，这说明行情在运行的过程中遇到了较大的卖压，下方的买方动力不足，有很多人都在卖出，卖出的人要比买入的人多。当行情跌穿0.5的角度线（45°角度线）时，预示着行情的买卖力量已经失去了平衡，更多的人都在卖出。如果行情不能够顺利地返回原先的通道之内。这说明，上涨的动力目前来看已经衰竭了，看多动力不足，应该逐步地卖出股票。因为趋势在逐步地向下变轨，这时候，这条45°角度线就起了非常重要的作用，这条线就是辨别趋势涨跌走向的重要依据之一。

我们先来看一下图4－1－2中尖峰集团（600668）2005年5月～2008年4月的股价周线走势图。

从图4－1－2中，我们可以看到，尖峰集团（600668）的股价上涨以来，趋势一直都沿着0.809的角度线上方运行，直到创出新高10.62元之后，行情开始斗转直下，击破了0.809～0.764的窄线通道，此后股价虽然在45°角度线遇阻反升，但也没能够重返0.809～0.764的通道上方，之后股价便下穿了45°角度线，步入熊市。

图4－1－3天地源（600665）的走势图与尖峰集团

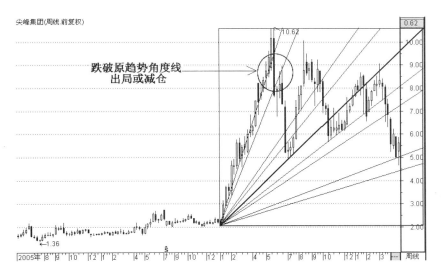

图4-1-2

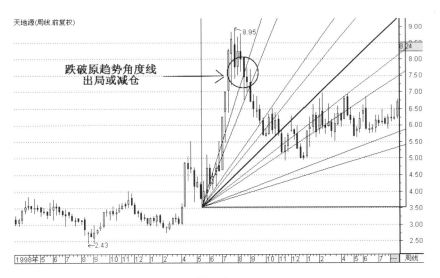

图4-1-3

（600668）的走势图属于同一类型。

  天地源（600665）的股价上涨以来，趋势一直都沿着0.809的角度线上方运行，直到创出新高8.95元之后，行情开始斗转直下，击破了0.809～0.764的窄线通道，卖出信号出现，此后股价持续向下，击穿45°角度线步入熊市。

图4-1-4是西南药业（600666）1998年7月～2001年10月的股价周线走势图。

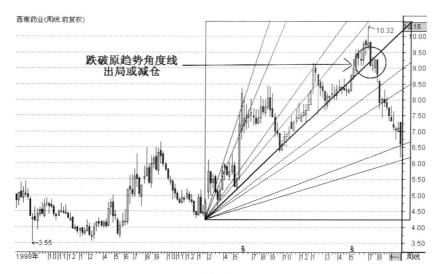

图4-1-4

从上面图示中，我们可以看到，西南药业（600666）的股价走势是沿着的45°角度线运行的，但在其上涨的过程中，股价波动起伏，曾一度进入0.809的通道，但最终无法返回0.618和0.5的通道之内，在创出最高点10.32元之后，股价开始击穿45°角度线，步入熊市之中。

图4-1-5是哈药股份（600664）2005年11月～2008年9月的股价周线走势图。

哈药股份（600664）的股价，自步入牛市以来，一直在0.764和0.618的通道内运行。但随着股价创出新高23.30之后，在高位向上变轨未果，并受0.809和0.764通道的压制，行情开始步入弱势，大幅下跌，虽然在45°角度线处一度企稳，再次反升，但最终也未能回到原先的轨道之中，并受0.573角度线的压力，股价再次下跌，并击破45°角度线，平仓信号出现，行情随即步入熊市之中。

通过上面的论述，投资者应该明确，当股价走势跌破原先

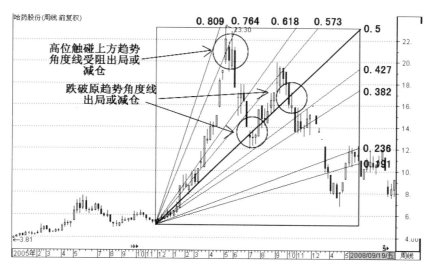

图4-1-5

的通道角度线向下变轨的时候，通常都是一个减仓的信号，如果行情走势跌破45°角度线，通常就是一个全部平仓的信号。

上面我们讲述的是上涨趋势的管理方法和出局的方法，接下来，我们再来看下跌趋势的角度线，以及其趋势的变化形态和管理方法。如图4-1-6所示。

从图4-1-6中，我们可以看到，行情下跌时各比例的运行通道。

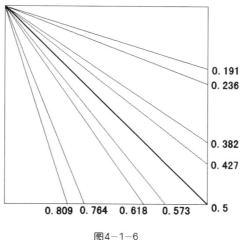

图4-1-6

在前面我们曾说过，股价在上涨趋势中，若走势向下突破45°角度线，通常都意味着上涨趋势基本结束，如果行情在后面无法返回45°角度线的上方，则通常预示着行情反转向下步入熊市。而在行情下跌的趋势中，行情走势依然遵循45°角度线分水岭法则，即行情在下跌的过程中，如果向上突破45°角度线，不再返回45°角度线的下方，则通常预示下跌趋势基本结束，行情有可能反转向上步入牛市，属于一个非常积极的看多信号。如图4-1-7所示。

图4-1-7

图4-1-7是上涨指数2005年1月～2009年5月之间的一段周线走势图。

从上面的图示中，我们可以看到，上证指数自2007年10月6124.04点下跌以来，整个下跌趋势都运行在45°角度线之下，并沿着0.618～0.573的窄通道向下运行，当指数运行到2008年10月创下低点1664.93后，便逐步反转向上，没有再重返45°角度线的下方，自此之后，步入上涨趋势。

我们再来看一下上证指数的另外几次下跌的趋势走势图，如图4-1-8所示。

图4-1-8

图4-1-8是上证指数2000年5月～2002年5月的周线行情走势图。

从上面的图示中，可以看到上证指数自2001年7月在高点2245.43点下跌以来，始终运行在0.764～0.618的通道之中，虽然偶尔运行于0.809～0.764的窄通道内，但并没有变换通道，随着股指的震荡，指数开始变换通道，并上穿45°角度线，但并没有继续向上，而是在0.5～0.427的宽通道内运行，最终受45°角度线支撑出现了一波幅度不大的反弹行情。

我们再来看一下图4-1-9中2002年1月～2005年12月的一段周线行情走势图。

从下面的走势图中，我们可以看到，上证指数自2003年下跌以来，行情曾经3次变换通道。在行情下跌的初期，指数在0～0.809的通道内运行，后来逐步穿破0.809～0.764的窄通道，进入0.764～0.618的宽通道内运行，但没有运行多久，就再一次变换通道，步入了0.573～0.5的通道内运行，随后股价再次向上变换通道，上穿45°角度线，再没有返回45°角度线的下方，从而进入牛市之中。

图4-1-10是上证指数1992年8月～1995年9月的周线行情

图4-1-9

图4-1-10

走势图。

从上面的图示中，我们看到，上涨指数在这一轮下跌中，也曾经多次变换通道，并在下跌的过程中，出现短期上穿过45°角度线的现象，但最终上攻未果，再次返回45°角度线的下方，持续下跌。直到行情创下325.85的低点之后，行情才开始再次上攻，并一举击破45°角度线，步入上涨行情，形成多年大牛市的"牛头"。

我们再来看一下青岛啤酒（600600）的股价走势。

图4-1-11是青岛啤酒（600600）2000年8月～2003年4月的周线行情走势图。

图4-1-11

从上面的图示中，我们可以看到，青岛啤酒（600600）的股价自2001年6月的7.85元下跌以来，大多数时间都运行于0.809～0.764的窄通道之内，到2001年10月左右才开始变换通道，进入0.764～0.618的宽通道之内运行，但并没有运行多长时间就再一次变换通道，步入了0.573～0.5之间的通道之内，但不久就高开高走，上穿45°角度线，步入上涨行情之中。

图4-1-12则是青岛啤酒（600600）2007年3月～2009年11月的周线行情走势图。

从上面的图示中，我们可以看到，青岛啤酒（600600）的本轮行情走势，也是在下跌的初期运行于0.809～0.764的窄通道之内，到2008年5月前后，开始变换通道，进入0.764～0.618的宽通道之内运行，大约运行了半年多的时间，再一次变换通道，步入了0.573～0.5之间的通道之内，但不久就步步高走，上穿45°角度线，步入上涨行情之中。

通过上面的论述，投资者应该明确，45°角度线是一条

图4-1-12

最重要的辨别市场多空变化的角度线，而其他角度线的作用大都用以参考和观察行情趋势变化的强弱。若上涨行情在逐步向更低一层的角度线通道内变换，通常预示行情下跌的力量在加大，而上涨的力量在减弱；若向下击穿了45°角度线，则说明市场中的空头力量战胜了多头力量，市场很有可能由兴转衰；若下跌行情在逐步向更高一层的角度线通道内变换，通常预示行情上涨的力量在加大，而下跌的力量在减弱；若行情向上击穿了45°角度线，则说明市场中的多头力量战胜了空头力量，市场很有可能由衰转兴。

第五章　对称理论的黄金回撤阻力线

Chapter5

黄金分割的角度线是行情趋势最普遍的走势角度，那么黄金分割回调线和反弹线，两者简称黄金回撤阻力线，也是行情回调和反弹时通常会达到的阻力线。我们先来看一下图5-1-1。

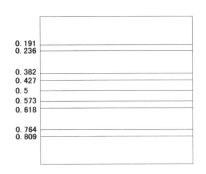

图5-1-1

图5-1-1是对称理论中黄金分割回调线的示意图，其中0.191～0.236的窄线区间是黄金分割的确认区域；0.236～0.382的宽线区间是黄金分割的行情运行区域；0.382～0.427的窄线区间是黄金分割的确认区域；0.427～0.573的宽线区间是黄金分割的行情运行区域，其中0.5为分界线；0.573～0.318的窄线区间是黄金分割的确认区域；0.618～0.764的宽线区间是黄金分割的行情运行区域；0.764和0.809的窄线区间是黄金分割的确认区域；0.809～0的宽线区间是黄金分割的行情运行区域。

我们来看一下如何用上述黄金分割比例线，来确定一波下跌行情之后的上涨阻力位。如图5-1-2所示。

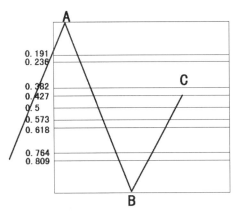

图5-1-2

　　从上面的图示中，我们可以看到，当下跌行情AB触底反转之后，我们就依此画出行情AB之间的黄金分割线，此时，若行情步入了上涨走势，通常其上方的各黄金分割线（区域）会成为其上涨的阻力位。我们来看一幅实际行情走势图示，如图5-1-3中所示。

图5-1-3

　　图5-1-3是深证成指2007年2月～2009年10月的一段周线行情走势图。

　　深证成指自高位下跌之后，于2005年10月左右创下了5577.23的低点，随后股价便反转向上，步入上涨趋势。但此后我们就可以看到，当深证成指上涨到14000点时，行情上涨的趋势进入了0.427～0.382的窄线确认区域，行情遇到了阻力，出现了一波跌幅较大的回调走势。

　　图5-1-4则是广电电子（600602）1992年10月～2009年8月之间的月线行情走势图。

　　广电电子（600602）的股价自高点13.36A处下跌到低点B处之后，行情反转向上，但当其股价整波下跌行情的1／2C处时，被0.5的阻力线压制，行情无法持续上涨，随后便出现了另一波跌幅较大的走势。

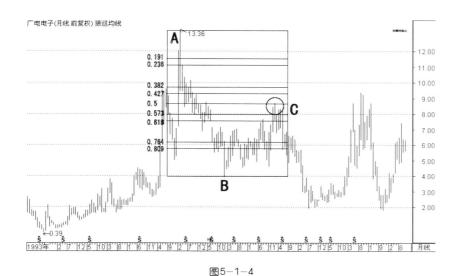

图5-1-4

图5-1-5也是广电电子（600602）1992年10月～2009年8
月之间的月线行情走势图。

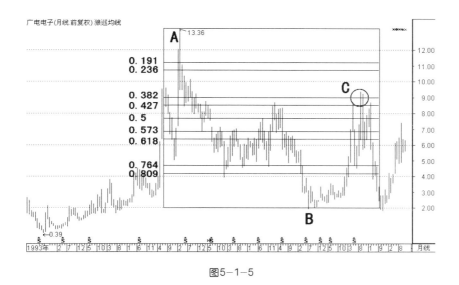

图5-1-5

从上面的图示中，我们可以看到，广电电子（600602）的
股价再次下跌之后到达最低点B处，开始再次反转向上，但当行
情运行到0.427～0.382的确认区域C处时，行情再次遇阻，又

一次进入下跌趋势之中。

方正科技（600601）的股价走势也是如此，如图5-1-6中所示。

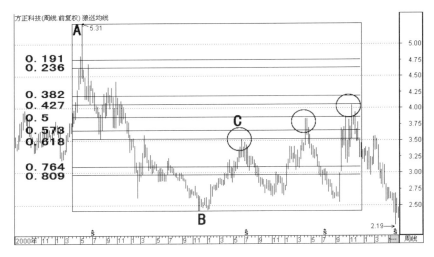

图5-1-6

图5-1-6是方正科技（600601）2000年8月～2007年8月之间的周线行情走势图。

从上面的图示中，我们可以看到，方正科技（600601）的股价走势自高点A处的5.31元下跌到B处时，行情反转向上。接下来，我们看到，行情经历了6波上涨，但都在黄金分割阻力线处遇阻回落。致使行情第一次回落的黄金分割阻力线是0.618，致使行情第二次回落的阻力线是0.5，致使行情第三次回落的阻力线是0.427。

通过上面的论述，我们可以得出这样一个结论，行情下跌之后反转上涨的阻力位，通常都是图中AB行情之间的黄金分割阻力位。

上涨回调的阻力位是不是也如此呢？

我们先来看一下图5-1-7中所示的行情回调分割示意图。

从下面的图示中，我们可以看到，当上涨行情AB触顶回调之后，我们就依此画出行情AB之间的黄金分割线，此时，若行

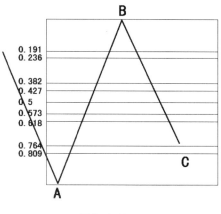

图5-1-7

情步入了下跌走势，通常其下方的各黄金分割线（区域）都有可能会成为其回调下跌的阻力位。我们来看一下个股行情走势图，如图5-1-8中所示。

图5-1-8

图5-1-8是方正科技（600601）1997年8月～2000年11月的周线行情走势图。

从上面的图示中，我们可以看到，方正科技（600601）的股价从低点A处的1.40元上涨到高点B处下跌之后，行情经过了一年多的下跌走势，其中虽然有过几次反弹，但都无果而终，直到运行到C处0.764的黄金分割线附近时，才真正止住跌势，反转向上。

图5-1-9是汇通能源（600605）2008年6月～2009年11月的一段日线行情走势图。

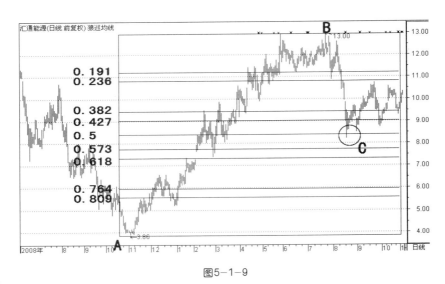

图5-1-9

从上面的图示中，我们可以看到汇通能源（600605）的股价走势，自A处的3.86元上涨到高点B处的13.00元时，行情出现了大幅度的回撤走势，但当行情运行到0.5的黄金分割线处时，遇到了阻力，行情反转向上，再一次步入上涨行情之中。

图5-1-10是方正科技（600601）1999年2月～2001年7月的周线行情走势图。

从下面的图示中，我们可以看到，方正科技（600601）的行情自低点A上涨到高点B处之后，出现了大幅的回撤走势，但行情回调到0.5的黄金分割阻力线时，遇到了阻力，行情反转向上，虽然上涨幅度不大，并再次出现下跌走势，并且我们可以看到，方正科技（600601）的行情在这之后，又曾两次回调到0.5的黄金分割线阻力线，最终遇阻回升，进入上涨趋势。其回撤的幅度都基本符合黄金分割阻力线的比例。

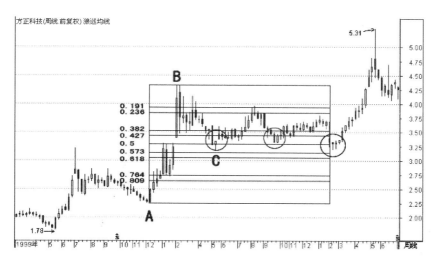

图5-1-10

图5-1-11是金丰投资（600606）2006年10月～2008年1月的日线行情走势图。

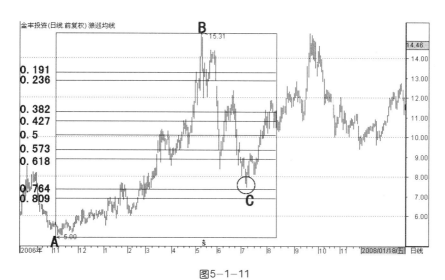

图5-1-11

从上面的图示中，我们可以看到金丰投资（600606）的股价走势，自A处的5.00元上涨到高点B处的15.31元时，行情出现了大幅度的回撤走势，但当行情运行到0.764的黄金分割线处时，遇到了阻力，行情反转向上，步入一波上涨行情之中。

通过上面的论述，我们可以得出这样一个结论：上涨行情反转向下的阻力位，通常都是图中AB行情之间的黄金分割阻力位。所以投资者在实际交易中，当行情触及上述阻力位（区域）时，应特别留意各种形态的反转信号。

第六章　对称理论的黄金角度与黄金回撤结合法则

Chapter6

在上面的两章中，我们分别了解了对称理论黄金角度线和黄金回撤阻力线，以及其应用的各种法则。在这一章中，我们就来了解一下，将对称理论的黄金分割角度线与黄金回调阻力线相互结合起来的应用方法。

我们先来看一下图6-1-1中，黄金角度线的上涨角度线与黄金回撤阻力线的结合效果示意图。

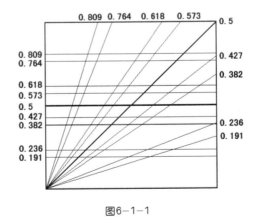

图6-1-1

从上面的图示中，我们可以看到，将黄金角度线与黄金回撤阻力线相互结合之后，我们就可以利用这种工具来有效地管理趋势了。上涨角度线在管理趋势的时候，若行情反转向下，其下方的角度线也可以当成是有效的阻力线。如图6-1-2中所示。

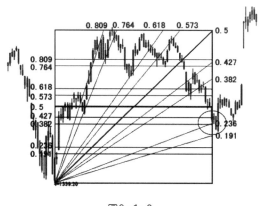

图6-1-2

图6-1-2是上证指数2001年12月～2002年7月的日线行情走势图。

从上面的图示中，我们可以看到，上证指数在从1339.20上涨至高点后，便开始不断地变换通道，并最终跌破45°角度线，步入下跌行情，当指数回落到0.236角度线与0.382角度线相交之处时，行情止跌企稳，并出现了一波幅度较大的反弹行情。

我们再来看一下上证指数1994年4月～2003年1月的日线行情走势图，如图6-1-3中所示。

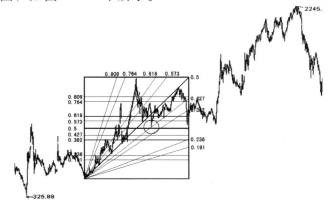

图6-1-3

从上面的图示中，我们可以看到，上证指数从其上涨行情的低点到高点回落之后，指数下跌到45°角度线与0.5的黄金回撤阻力线相交处时，开始止跌企稳，反转向上。

由此，我们可以得出这样一个结论：当行情在不断下挫的过程中，遇到黄金角度线与黄金回撤阻力线的交合点时，通常都是行情走势产生反弹的区域，应当特别留意反转信号。

我们继续来看图6-1-4中，黄金角度线的下跌角度线与黄金回撤阻力线的结合效果示意图。

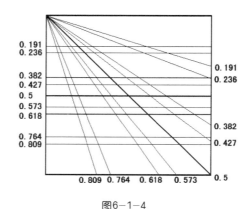

图6-1-4

从上面的图示中，我们可以看到，当行情在下跌的走势中反转向上的时候，图中向下的黄金角度线，同样可以当成是有效的反弹阻力线。如图6-1-5中所示。

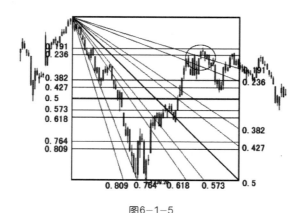

图6-1-5

图6-1-5是上证指数2001年12月～2002年6月的日线行情走势图。

从上面的图示中，我们可以看到，上证指数从高点下跌到低点之后，行情开始快速上扬，但上涨到0.191的黄金角度线与0.236的黄金回撤阻力线交合处时，行情止住了涨势，反转向下，步入一轮震荡向下的走势之中。

我们继续来看上证指数1998年3月～1998年11月的日线行情走势图，如图6-1-6所示。

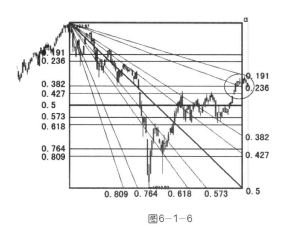

图6-1-6

从上面的图示中，我们可以看到，上证指数自高位下跌到低位之后，行情开始快速上扬，虽然其中有过几次遇阻的情况，但最终在0.236的黄金角度线和0.382的黄金回撤阻力线的交合处，出现了一波跌幅较大的回调行情。

由此，我们可以得出这样一个结论：当行情在不断攀升的过程中，遇到黄金角度线与黄金回撤阻力线的交合处时，通常都是行情走势产生回撤的区域，应当特别留意危险信号。

接下来的有几张图示，是将黄金上升角度线 黄金下跌角度线与黄金回撤阻力线相互结合的应用方法，我们先来看一下图6-1-7。

从下面的图示中，我们可以看到，三条线呈现出了通道交叉的形态，这样就更加强了信号的确定性，其应用的原理与技

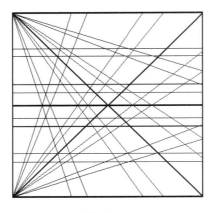

图6-1-7

术指标的多指标配合的原理是一样的。单独采用某一方法，无论是黄金角度线还是黄金回撤阻力线，其中都必然会出现一些虚假、频繁的阻力信号，而将这些方法有机地结合起来，则是一个不错的选择，这样不但会削弱这些虚假信号的影响，还可以在行情信号失效之后，有可能会在哪一个交合点呈现新的转机。如图6-1-8和图6-1-9中所示。

从这两幅图中，我们可以看到，其下方的交合点基本上都可以起到一定的支撑作用。当然这种方法也并不是没有缺陷，它只是对称理论中的一个趋势管理工具，相对于判断行情的顶

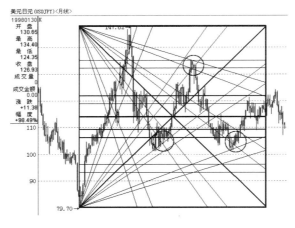

图6-1-8

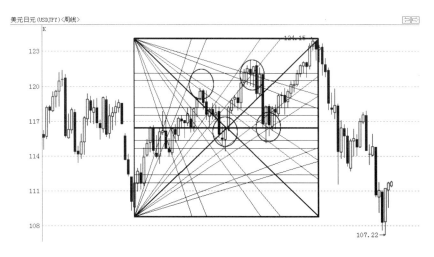

图6-1-9

部和底部，它所起到的也只是一个相互参考、综合考量的作用
而已。

在实际使用的过程中，投资者需要注意以下几个问题：

一、当行情开始上升时，应将角度线的起点放在目前形
成的最低点上，按照现在的趋势走向画出角度线，如果趋势变
了，就必须从另一个起点开始。

二、以角度线为重。行情相邻的两条角度线和比例线，用
来作为允许误差，图中较宽的角度线和比例线作为行情的活动
空间。当行情冲出其原来的运行空间的时候，往往会在另一个
角度空间内运行。

三、当上升行情跌破45°角度线，不再返回45°角度线的
趋势通道，在45°角度线下面被其压制，并形成下跌信号的时
候，意味着行情由涨转跌，行情不再重拾涨势。下跌行情与此
类同。

四、投资者还需要注意的就是，趋势管理中应以趋势的角
度线为趋势的运行通道，而平行的黄金分割线可作为行情回撤
的低点或高点。

第七章　对称理论的波动率

Chapter7

　　对称理论的波动率就像是市场行情运行的脉搏，是对称理论在计算、预判行情时间周期的一个因子，也可以当成是判断时间对称时的一个基本单位，它通常运行在5～8之间，其作用就是在投资者研判行情对称周期的时候，起一个参考的作用。当你知道了它的作用和应用方法的时候，你对周期的判断也就有了进一步的考量，减少误判的概率。在第一章有关对称理论的时间对称的内容中，我们曾简单的提到过波动率。在这一章中，我们就详细地来阐述一下对称理论的波动率和其应用的要则。

◎　如何确定波动率

　　在这一章中，我们采用同济科技（600846）作为讲解短期时间波动对称的图例，来确定对称理论的周期的波动率，这样你可以贯穿本书第一章的时间对称中的方法来连贯的思考，有助于你对波动率的理解。我们先来看一下图7-1-1。

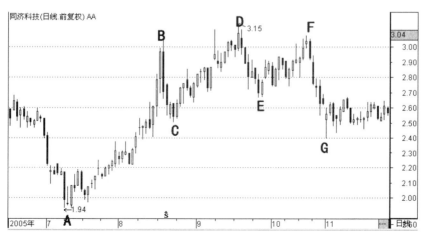

图7-1-1

我们先来看上涨行情的对称情况，图7－1－1是同济科技（600846）2005年6月～2005年11月的日线行情走势图。

从上面的图示中，我们可以看到同济科技（600846）的行情自A点开始到B处时运行了30个交易日左右，行情CD的运行时间也是20个交易日左右，CD行情的运行时间是AB行情运行时间的2/3。EF行情的运行时间是14个交易日左右，约是CD行情的2/3。

从上面的对称关系中，我们可以看到，同济科技（600846）2005年6月～2005年11月的日线上涨对称关系基本成立。其上涨的波动率约为7个交易日。因为只有7可以被14整除，被20和30整除时余数也最小。换句话说，在整波行情中，我们通常会选择余数最小的因数来作为波动率，作为我们判断行情波动的基数。

我们再来看一下这一段行情的下跌对称性的波动率。行情BC的运行时间是4个交易日左右，DE行情的下跌时间是7个交易日左右，DE行情的运行时间是BC行情的运行时间的2倍左右。FG行情的运行时间是7日，FG行情的运行时间与DE行情的运行时间基本一致。

从上面的对应关系中，我们可以看到，同济科技（600846）2005年6月～2005年11月的日线下跌对称关系基本成立。其波动率约为7个交易日。

我们再来看一下，同济科技（600846）2005年4月～2006年5月的日线走势图中的时间对称关系和波动率。如图7－1－2中所示。

我们先来看下跌行情的对称关系。

从下面的图示中，我们可以看到，同济科技（600846）的行情自AB开始运行了7个交易日左右，CD行情运行的时间是7个交易日左右，CD行情运行的时间与AB行情的运行时间基本类似。EF行情的运行时间是8个交易日左右，与CD行情的运行时间基本一致。GH行情的运行时间也是13个交易日左右，GH

图7-1-2

行情的运行时间约为EF行情运行时间的1½。

从上面的对应关系中，我们可以看到，同济科技（600846）2005年4月~2006年5月的日线下跌对称关系基本成立。其波动率约为7个交易日。

我们再来看上涨的对应关系。

从上面的图示中，我们可以看到，行情BC的运行时间是20个交易日左右，DE行情的运行时间是30个交易日左右，DE行情的运行时间是BC行情的1½。FG行情的运行时间是20个交易日左右，FG行情运行的时间约是DE行情的2/3。

从上面的对应关系中，我们可以看到，同济科技（600846）2005年4月~2006年5月的日线下跌对称关系基本成立，其波动率约为7个交易日。

我们再来看同济科技（600846）后面的行情时间运行的对称性。见图7-1-3中所示。

图7-1-3是同济科技（600846）2006年3月~2006年6月的日线走势图。

从下面的图示中，我们可以看到，下跌行情AB的运行时间是10个交易日左右（实际上也可以看作是13个交易日），CD行情的运行时间则是3个交易日左右，CD行情行情的运行时间

图7-1-3

是AB行情的1/3，对称关系基本成立。EF行情的运行时间是3个交易日左右，EF行情的运行时间与CD行情的运行时间基本一致。GH行情的运行时间是6个交易日左右，约是EF行情的2倍。IJ行情的运行时间是5个交易日左右，IJ行情的运行时间与GH行情的运行时间基本类似。KL行情的运行时间约是9个交易日，约是IJ行情的2倍。MN行情的运行时间为6个交易日，约为KL行情的2/3。

从上面的对应关系中，我们可以看到，同济科技（600846）2006年3月～2006年6月的日线下跌对称关系基本成立。其波动率约为6个交易日。

那么其上涨行情的时间对称性又怎么样呢？

从图中，我们可以看到，上涨行情BC的运行时间约是14个交易日，DE行情的运行时间约为10个交易日，DE行情的运行时间大约是BC行情的2/3。FG行情的运行时间是11个交易日左右，大约与DE的运行时间一致。HI行情的运行时间是5个交易日左右，大约是FG行情的1/2。JK行情的运行时间为10个交易日左右，约为HI行情的2倍。LM行情的运行时间为5个交易日，是JK行情运行时间的2倍。

从上面的对应关系中，我们可以看到，同济科技（600846）

2006年3月～2006年6月的日线下跌对称关系基本成立。其波动率约为6个交易日。

在上面的时间对称中，我们可以知道，同济科技（600846）日线的时间周期大多数都是以5的倍数和7的倍数为单位展开的。换句话说，同济科技（600846）的波动频率是5或7的对称倍数。

我们就来做一个总结，换一种方式来考虑同济科技（600846）的时间发展关系，我们也可以这样说，当同济科技（600846）的行情运行时间遇到5的倍数和7的倍数周期时，就应该考虑其时间和空间的对称性了，若其对称形成，并出现反转信号，则应该考虑防范风险或把握机会。

在实际交易中，行情的走势也许并不那么标准，会出现一定的误差，并导致时间上的对称似乎无法成立，这时候，我们就要采用大周期对称法或找到其经常出现的波动率，以波动率的倍数来计算其时间的对称性，看一看前面的一波行情有几个波动单位（一个波动频率就是一个波动单位，比方同济科技（600846）的波动率是5和7，一个波动单位就是5日或7日），目前的这波行情运行了几个波动单位。如果其产生的误差不够波动率即一个波动单位的1/2，则可忽略不计，因为不够一个波动单位，如果其产生的误差大于波动率的1/2则记为一个波动单位。

还有一点要注意的是，不同的股票会有不同的波动率，有的股票上涨和下跌都回遵循一个波动率，有的股票则可能上涨波动率是7，但下跌波动率是8，还有的股票会遵从2个或3个波动率，甚至有些股票的波动率在一段行情时间里是5，在另一段行情时间里是8。这样很多投机者误认为如此多变的波动率可能无法准确的计算。其实投机者大可不必有这种担心，你只需要记住5～8之间的所有波动数字就行了，总之，5～8之间的数字就是波动率的变化范围，你要根据前面行情运行的时间确定出一个最明显的波动因子，哪个最常出现就用哪个，关键是你要知道波动率的作用只是一个时间上的计量单位，当行情随着时间的推移向前运行时，波动率的作用就是提醒你注意关注时间和趋势的变化。

◎ **时间、空间、角度、波动率和黄金阻力统一，正是对称理论重要的判断依据**

时间、空间、角度、波动率和黄金阻力的统一，正是对称理论重要的判断依据。

我们用上实医药（600607）2007年11月～2008年9月的一段日线行情走势图来详细地说明一下。如图7－2－1所示。

图7－2－1

从上面的图示中，我们可以看到，上实医药（600607）的大周期上涨行情AB为48个交易日，CD行情的上涨时间为16个交易日。在时间上已经形成了对称形态。

我们再来看一下上实医药（600607）在空间上有没有形成对称形态。如图7－2－2中所示。

从图7－2－2中我们看到了，上实医药（600607）在空间上也形成了对称形态，上涨行情CD运行到BC行情的1/3平分线处，形成了上涨下压线，遇到了上涨阻力。

图7-2-2

我们继续来看图7-2-3中的黄金角度线。

图7-2-3

从上面的图示中，我们可以看到，上实医药（600607）的股价走势已经从0.760~0.618的轨道中，出现了向下变轨的现象，在0.573~0.5的通道内运行。

接下来，我们再看一下黄金回撤阻力线的情况。如图7-2-4中所示。

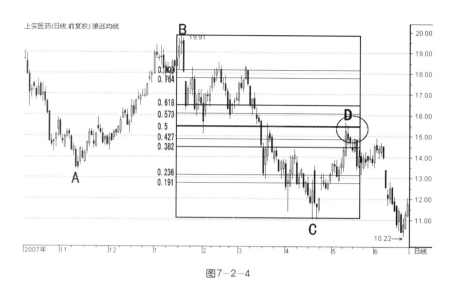

图7-2-4

从上面的图示中，我们可以看到上实医药（600607）的股价自2008年1月创下19.91的阶段性高位之后，便开始步入下跌行情之中，一直运行到低点C处开始向上反升，但行情上升到0.5的黄金回撤阻力线时，遇到了上档压力，行情出现回落。

我们再来看一下，上实医药（600607）运行时上涨行情的波动率。如图7-2-5中所示。

图7-2-5

从图中，我们可以看到，上实医药（600607）AB行情的上涨时间是48个交易日，CD行情的运行时间是8个交易日，EF行情的运行时间是8个交易日，GH行情的运行时间是16个交易日，IJ行情的运行时间是8个交易日，其波动率为8。由此我们可以看到，上实医药（600607）每一波上涨行情的周期日数都是8的倍数，如果行情出现震荡，其基数基本都会按照8天的频率波动，如果行情确定了运行的方向，除了时间上的对称之外，通常也会符合8日的倍数周期。

换言之，上实医药（600607）的股价走势通常在8的倍数之间运行，若行情的运行周期遇到了8的倍数时，通常都会引起时间或幅度上的波动，此时应该特别留意行情运行的时间对称或空间对称。

综上所述，我们看到了，上实医药（600607）本轮走势的在高点D处形成了时间、空间、角度、波动率和黄金回撤阻力的统一，如果一波行情形成了诸如此类的信号统一形态时，通常都会孕育着反转的力量。

最后我还要提一点的是，对称理论的时间与空间的统一，未必是1／3的时间对称与1／3空间对称相统一。有时候，行情上涨或下跌的力量较大，导致行情上涨或下跌的空间幅度、波长过大，但时间却很短，这样就会导致行情在空间对称上可能已经达到了1／2平分线的对称，但在时间上却依然是1／3的时间对称。有时候行情上涨或下跌的力量较小，导致行情上涨或下跌的幅度、波长较小，但时间却很长，这样就会导致行情在空间对称上可能只达到了1／3平分线的对称，但在时间上却已经是2／3或整数倍的时间对称了。换言之，只要空间出现对称，时间上也出现对称，这就是统一性，你不要去管它是不是1／2对应1／2，1／2对应1／3也属于对称。

另外，有时候上涨波动率与下跌波动率并不是一样的。有时，有的股票上涨波动率为6，下跌波动率为8，或有的上涨波动率为7，下跌波动率为5或6，但只要上涨的波动率与上涨的波动率相对比，下跌的波动率与下跌的波动率相对比即可。

在本章的最后，我还要说明一下的是，时间上的对称与空间上的对称统一性，并不是指平分线倍数与时间倍数一致，而是指都形成了对称的形态。比如这一波的行情运行时间是上一波行情的 2／3，而空间上这一波行情的运行高度达到了1／2平分线的附近，这也是时间和空间上的统一。即，时间、空间、角度线、黄金回撤阻力线要单独使用，但要综合考量。如果一波行情既出现了时间对称，也出现了空间对称，角度线也击破了，并且还满足了黄金回撤阻力要求，那么这就是统一性，行情在这种情况下出现反转的概率最大，投资者在实际应用的时候，应注意把握这一要则。

第八章　采用对称理论确认交易时机时，
　　　　　应与哪些信号相结合？

Chapter8

对称理论既可以单独使用，也可以与其他技术指标和分析方法综合使用。但为了让投资者能够具备最高的胜算，准确判断目前市场中的买卖信号，我们在本章中，就简要地讲一下对称理论与MA均线指标、MACD指标以及KDJ指标相互结合的分析方法。当然除了本章所讲述的方法之外，你也可以与其他你所熟悉的技术指标或K线图相互结合使用。

◎　MA均线指标信号

MA均线指标，也叫做成本线指标或移动平均线指标，它是将某周期内的股价进行平均之后的一条连线。所以其指标的使用方法也比较简单，当股价上穿平均线时，就意味着周期内的股价进入多头市场，相反，当股价下穿平均线时，就意味着股价进入空头市场。在现实交易中5MA、10MA、20MA、30MA平均线通常都会被用来判断短期的行情走势；50MA、60MA、90MA、120MA、135MA平均线通常都会被用来判断中期的行情走势；180MA、200MA、240MA、250MA、300MA、320MA、350MA、360MA通常都会被技术派投资者用来判断市场长期趋势的走向，并作为分辨市场的牛市趋势和熊市趋势的重要分水岭。其中最常用的MA平均线参数组合就是5MA、10MA、20MA、60MA、120MA、250MA平均线的长期均线组合。5MA、10MA、20MA、60MA平均线的中期均线组合，这一组平均线不但可以用在日线中，作为中期多空市场的分水岭，也会经常被应用到周线图中，作为长期多空市场的分水岭。而本节就来讲述一下，周线图中的5MA、10MA、20MA、60MA平均线组合信号与对称理论的组合应用。

在讲述使用方法之前，我们先来看一下几张图中的买入信号，以便先有一个什么是信号的概念，后面我们再讲述如何将这些信号的应用方法与对称理论结合起来。当对称理论的对称信号出现之时，我们要按照这些信号进行交易。

图8-1-1中，是浙江富润（600070）2004年3月～2007年

图8-1-1

10月的周线行情走势图。

从上面的图示中，我们可以看到，浙江富润（600070）的股价自2005年7月创出低点1.45元之后，便开始逐步震荡向上，于2006年4月上穿60MA平均线进入上涨趋势。之后行情经过半年多的回调整理，再次上涨步入主升浪。

凤凰光学（600071）的股价走势与浙江富润（600070）的股价走势基本类似，如图8-1-2中所示。

图8-1-2中是凤凰光学（600071）1998年6月～2001年3月的周线行情走势图。

图8-1-2

从上面的图示中，我们可以看到，凤凰光学（600071）的股价自1998年8月创出低点2.14元之后，便开始逐步震荡向上，于1999年6月上穿60MA平均线进入上涨趋势。之后行情经过半年左右的回调整理，再次上涨步入主升浪。

图8-1-3中的上海梅林（600073）的股价走势与浙江富润（600070）和凤凰光学（600071）略有不同。

从下面的图示中，我们可以看到，上海梅林（600073）的股价自2005年11月创出低点4.54元之后，便开始逐步震荡向上，于2006年3月上穿60MA平均线进入上涨趋势。之后行情并

图8-1-3

没有像浙江富润（600070）和凤凰光学（600071）经过一轮上涨再出现回调，而是紧贴60MA平均线运行了半年左右，并出现大幅横盘震荡，之后才逐步走高，出现急速上涨，步入主升浪。

上面的三张图都是有调整的行情走势。而下面的这三张图中的行情走势，就属于没有明显调整的行情走势。图8-1-4是凤凰

图8-1-4

光学（600071）2004年7月～2007年7月的周线行情走势图。

从上面的图示中，我们可以看到，凤凰光学（600071）的股价自2005年7月创下低点之后，便震荡上升，上穿60MA平均线之后，并没有进行大幅的回调，而是经历几个月的小幅震荡整理之后，便直接步入上涨阶段。

而图8-1-5和图8-1-6中所示的行情走势与图8-1-4中凤凰光学（600071）的股价走势基本一致。其中图8-1-5是中船

图8-1-5

图8-1-6

股份（600072）2005年5月～2007年2月的周线行情走势图。
图8-1-6是海泰发展（600082）2004年12月～2007年7月的周线行情走势图。

从上面的图示中，我们可以看到，中船股份（600072）和海泰发展（600082）的股价走势都是股价上穿60MA平均线之后直接上涨，然后经过几个月的震荡整理之后，就再次创出新高，步入主升浪。

通过上面的MA平均线的演示，你应该知道，当股价上穿60MA平均线开始逐波上涨的时候，通常都属于胜算较高的买入信号。当股价出现了长期的时间或空间的预示底部对称的形态形成、并伴随着上述信号出现的时候，就属于一个胜算较高的买入时机。

如果一支股票因上市时间较短，无法进行时间和空间上的对称比照时，就可以根据大盘的时间对称周期，来分析个股的信号可靠性。

比如，我们已知上证指数2005年期间的下跌对称已经形成，那么当个股出现上述信号的时候，就属于一个胜算较高的买入时机。如图8-1-7中所示。

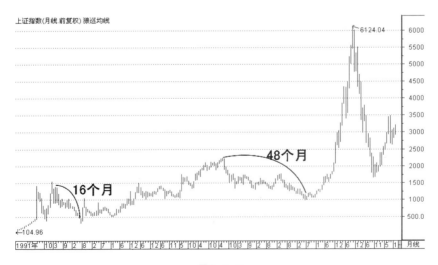

图8-1-7

　　通过上面的图示，我们知道，上证指数2005年下跌行情运行到48个月的时候，基本上与前一波行情的16个月形成了时间上的对称性，此后指数开始上涨，步入上升趋势，当那些上市较晚，运行的时间周期较短，无法依照本身先前的走势进行对称比照的个股，出现了上述均线信号的时候，就属于一个较好的买入时机。当然那些上市时间较早，行情运行时间较长，在时间上能够对称的个股也可以与大盘的走势对称相互对比，以作参考。

　　上面我们讲述了上涨信号，接下来，我们就来讲述下跌信号。

　　在使用MA平均线时，我们通常都会把股价跌破20MA平均线或5MA、10MA平均线向下击穿20MA平均线形成交叉作为一个出局或减仓的信号。如图8－1－8中所示。

图8－1－8

　　图8－1－8是ST中葡（600084）2006年8月～2009年3月的周线行情走势图。

　　从上面的图示中，我们可以看到，股价在击穿20MA平均线之后，就直接下跌，随后5MA、10MA平均线也击穿了20MA平均线，形成下跌交叉，步入熊市跌势之中。

　　而图8-1-9和图8-1-10中的行情走势形态都与ST中葡（600084）的走势基本类似。其中图8-1-9是重庆路桥（600106）2006年3月～2008年5月的周线行情走势图。图8-1-10是上海汽车（600104）2006年9月～2009年10月的周线行情走势图。

图8-1-9

图8-1-10

从上面的两幅图示中，我们可以看到，重庆路桥（600106）和上海汽车（600104）经过一轮大幅上涨的行情，股价跌穿20MA平均线之后，随着5MA、10MA陆续下穿20MA平均线，行情没有经过多少抵抗，就直接进入漫漫熊市。

所以投资者在实际交易中，看到此类行情走势，若其形成了时间上或空间上的对称，应逐步及时卖出手中仓位，以降低风险，收获利润。

上面我们看到的是一种常见的直接下跌的行情走势形态，下面我们要讲述的则是一种常见的二次下跌的走势形态。

比如有些股票会在大势走弱的时候，经过一轮下跌之后，依然能够再创新高，继续向上攀升，当然如果你并非那么激进，当行情第一次出现卖出信号的时候就逐步出局，也是正确的。如果你经验充足且技术水平又较高，那么先减掉部分仓位，然后随着行情的再次上涨逐步减仓，直到行情再次出现卖出信号的时候出局，也是可以的。总之，对技术水平较高的人来说，完全可以游刃有余地采用任何一种方法。如图8–1–11中所示。

图8–1–11

图8-1-11是东方金钰（600086）2000年5月～2002年8月的周线行情走势图。

通过上面的图示，我们可以看到，东方金钰（600086）经过一轮上涨之后，曾经两次出现卖出信号。第一次出现卖出信号不久，行情就反转向上了，并且再次创出新高16.18元，之后行情又出现了第二个卖出信号，然后逐步步入熊市。

除了上面的回调之后再次上涨另创新高的多信号形式之外，还有如图8-1-12和图8-1-13所示再次上涨不创新高的走势形态，而这样的走势形态更能预示行情下跌。因为我们通常都会把股价不再创出新高就反转向下的走势，视为买盘不足、后市堪忧的信号，其本来就具备了减仓出局的因素。

从下面的图示中，我们可以看到，股价在出现第一次下跌信号之后，出现了一波上涨行情，这样的走势通常会让很多心有不甘的投资者欣喜若狂，他们总是误认为行情再次走好，将会出现更高的走势。可是有经验的投资者知道，如果此时行情不能够再次创出新高就出现下跌，通常都属于行情见顶的征兆，特别是那些再次出现卖出信号的走势。所以投资者若在实际交易中，发现其行情在时间或空间上形成

图8-1-12

ST博信(周线 前复权) MA5:2.84 MA10:3.46 MA20:4.71 MA60:7.43

图8−1−13

顶部对称的形态时，应特别注意危险信号，并及时减仓或出局。

◎ MACD指标信号

　　MACD指标也叫做MACD平滑异同平均指标，由杰拉尔得·阿佩尔(Gerald Appel)于1979年根据移动平均线的原理设计出来的一种趋势型指标。在运用MA平均线指标判断买卖时机时，在趋势明显时收效很大，但如果碰上牛皮盘整的行情，所发出的信号就会频繁而不准确。MACD指标则吸收了移动平均线的优点，通过二次平均之后，不但克服了移动平均线假信号频繁的缺陷，还能确保移动平均线最大的战果。换言之，MACD指标其实就是根据移动平均线原理所发展出来的一个趋势指标，其计算方法是根据每日的收市价，计算两条加权移动平均线不同速度（长期与中期）的指数平滑移动平均线（EMA）的差离值，通过测量两条EMA平均线的差离值，运用快速（短期）和慢速（长期）移动平均线及其聚合与分离的征兆，并加以双重平滑运算来判断买卖时机。这样，MACD指标不但降低了移动平均线频繁发出假信号的频率，也保留了移动平均线表现趋势的功能效果。因此，MACD指标既具有均线趋势特性，又比MA平均线指标稳定。于是MACD指标就成了很多投资者研判行情趋势、确定买卖时机，以及分析股票价格涨跌的重要技术分析工具。

在本书中，我们主要讲解MACD指标的两种交易信号：一种是MACD的背离信号，也就是我们常说的预示一波行情底部的底背离，和预示一波行情顶部的顶背离；另一种是MACD交叉信号，也就是我们通常所言的预示行情下跌的死亡交叉，和预示行情上涨的黄金交叉。

我们先讲述底背离形态，如图8-2-1中所示。

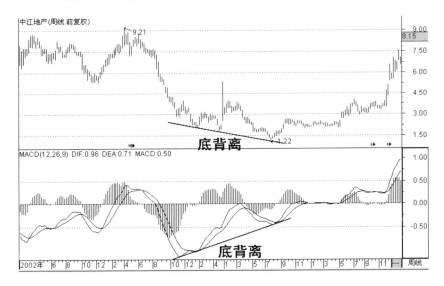

图8-2-1

图8-2-1中是中江地产（600053）2002年3月～2005年11月的周线行情走势图。

从上面的图示中，我们可以看到，中江地产（600053）的股价行情自2003年10月便开始与MACD指标形成了底背离的走势形态，股价在逐波走低，但MACD指标却在逐波走高，呈现明显的底背离走势。所以当MACD指标的DIF线上穿DEA线，或DIF线上穿0轴线的时候（DIF线上穿0轴线时，主图中的股价

也会同步或不久就会上穿50MA或60MA平均线），就属于一个
胜算较高的买入信号。

另外，在MACD指标中，MACD指标中的0轴线就相当于
一条50（60）MA平均线，是确认一波中期行情的多头和空头
市场的标的。所以，如果此时个股中的股价走势形成大周期、
长期时间或空间底部对称的时候（也就是预示行情见底的对
称），通常都属于一个概率较高的建仓信号。

图8-2-2中是中江地产（600053）2007年8月～2009年8月
的周线行情走势图。

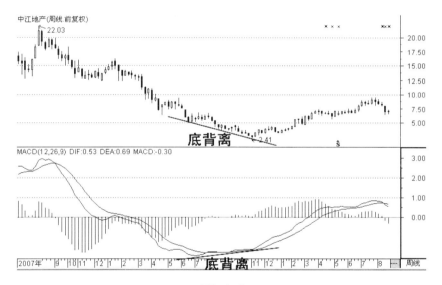

图8-2-2

从上面的图示中，我们可以看到，中江地产（600053）的
股价行情自2008年6月开始便与MACD指标形成了底背离的走势
形态，股价在逐波走低，但MACD指标却在逐波走高，呈现明
显的底背离走势，所以当MACD指标上穿0轴线的时候，就形成
一个胜算较高的买入信号。

图8-2-3和图8-2-4都属于与中江地产（600053）相同
的走势形态。其中图8-2-3中是海信电器（600060）2007年
10月～2009年8月的周线行情走势图。图8-2-4中是黄山旅游

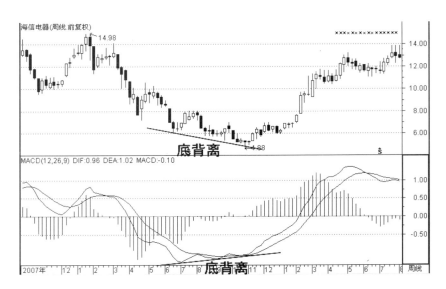

图8-2-3

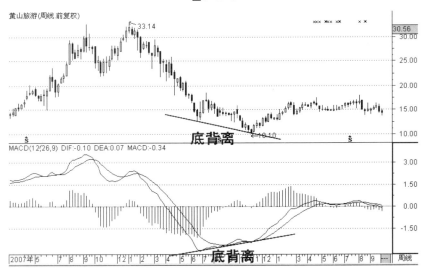

图8-2-4

（600054）2007年10月～2009年8月的周线行情走势图。

从上面的两幅图示中，我们可以看到，海信电器（600060）和黄山旅游（600054）的股价行情都是从2008年6月开始，便与MACD指标形成了底背离的走势形态，股价在逐波走低，但MACD指标却在逐波走高，呈现明显的底背离走势，都属于行情逐步见底的形态走势，所以当MACD指标上穿0轴线的时候，就是一个胜算较高的买入信号。若此时股价在时间或空间形成底部对称形态时，通常预示新一轮上涨行情即将展开，属于风险较低的买入信号。

上面我们讲述了第一种底部形态MACD指标的底背离形态。接下来，我们再来讲述MACD指标的黄金交叉底部买入信号。图8－2－5为招商轮船（601872）2007年10月～2009年11月的周线行情走势图。

图8－2－5

从上面的图示中，我们可以看到，招商轮船（601872）创下低点3.50元之后便开始震荡向上，其下方的MACD指标也出现了黄金交叉买入信号，此后行情便开始逐波向上，步入上涨趋势之中。

图8－2－6中的中国联通（600050）和图8－2－7中的宁波联合（600051）以及图8－2－8中的中纺投资（600061）都属于雷同的行情走势形态。

从上面的图示中，我们可以看到这三支股票，在2008年10

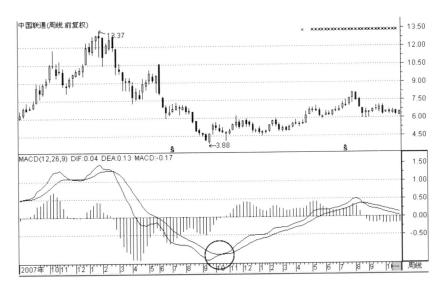

图8-2-6

图8-2-7

月~2008年11月之间创下低点后，便开始震荡向上，其下方的MACD指标均出现了黄金交叉买入信号，此后，行情便开始逐波向上，步入上涨趋势之中。

投资者在交易中，若发现此信号伴随其股价在时间或空间

图8-2-8

上形成底部对称形态时，通常预示新一轮上涨行情即将展开，属于风险较低的买入信号。

上面讲述的是两种预示底部的MACD指标信号。接下来，我们再来讲述两种预示顶部的MACD指标顶背离信号和死亡交叉信号。我们先来看一下顶背离信号，如图8-2-9中所示。

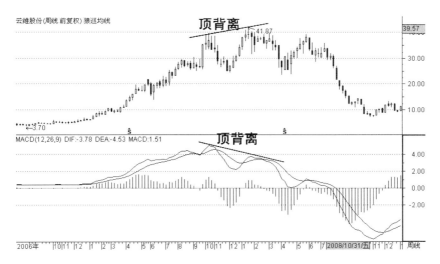

图8-2-9

图8-2-9中是云维股份（600725）2006年7月~2008年12月的周线行情走势图。

从上面的图示中，我们可以看到，云维股份（600725）的股价自2007年10月下跌以来，MACD指标便同步出现了向下的走势，但当其股价下跌到25元左右的时候，股价再次上涨，并创出新高41.87元。之后行情便出现了第二次下跌，但从其下方的MACD指标中，我们可以看到，其股价走势与MACD指标形成了明显的顶背离形态，股价上涨的幅度也开始逐波收缩，最终步入熊市。

图8-2-10、图8-2-11和图8-2-12中分别是S*ST新太（600728）1999年5月~2001年8月的周线行情走势图、1996年8月~1999年11月的周线行情走势图，以及2006年5月~2008年10月的周线行情走势图。

S*ST新太（600728）的股价不同周期的不同走势，从其主图中的股价走势和其下方的MACD指标对比照中，我们可以看到，其股价走势的每一次高点都与MACD指标形成了明显的顶背离形态。

从下面的三幅图中，我们可以知道，在实际交易中，若发

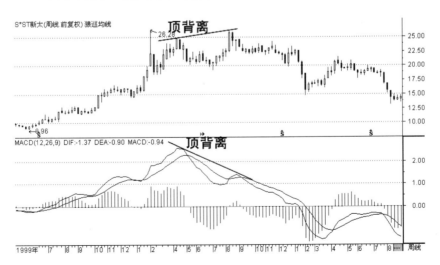

图8-2-10

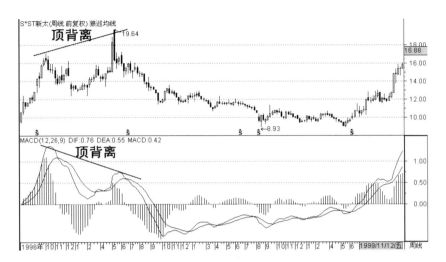

图8-2-11

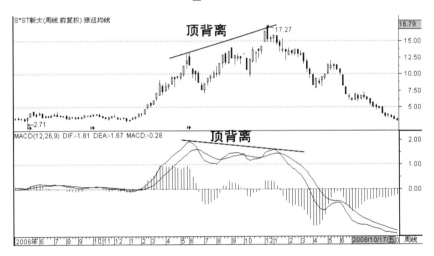

图8-2-12

现顶背离信号伴随着其股价在时间或空间上形成顶部对称形态时，通常预示行情将会出现一轮下跌行情，属于风险较高的减仓或出局的信号。

前面我们讲述了第一种顶部形态MACD指标的顶背离形态，接下来，我们再来讲述MACD指标的死亡交叉顶部卖出信号。如图8-2-13所示，为重庆百货（600729）1998年8月～2000年9月的周线行情走势图。

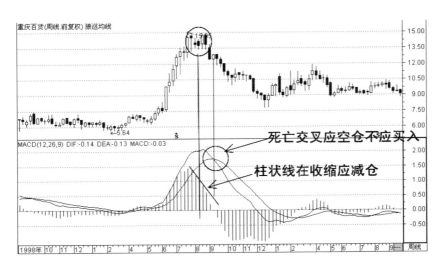

图8-2-13

从上面的图示中，我们可以看到，重庆百货（600729）的股价在创出15.05元的高位之后，便出现了连续的顶部阴线，并且其主图下方的MACD指标中的柱状线也出现了逐步收缩的现象，这通常意味着行情走势疲软，MACD指标的DIF线已经不再继续上涨延伸，而是逐步开始向DEA线靠拢，这一信号的出现，通常都是MACD指标的DIF线要与DEA线向下交叉的前提，所以此时通常都属于一个风险较高的减仓信号。若发现顶背离信号伴随其股价在时间或空间上形成顶部对称形态时，通常预示行情将会出现一轮下跌行情，属于风险较高的减仓或出局的信号。

之后，我们就可以看到，重庆百货（600729）的股价开始逐步下跌，其下方的MACD指标也形成了死亡交叉平仓信号出现。所以当周线图中的MACD指标出现死亡交叉的时候，通常都属于一个最后的出局信号，当此信号出现的时候，只适合空仓而不应该买入。

图8-2-14则是重庆百货（600729）1999年1月～2002年1月的周线行情走势图。

图8-2-14中重庆百货（600729）的股价走势与图8-2-13

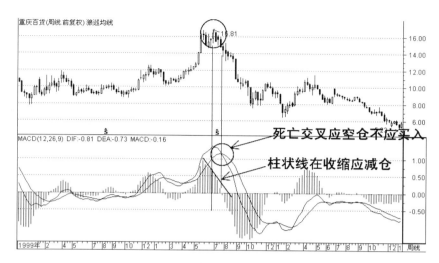

图8-2-14

中的股价走势形态基本类似，股价在高位创出新高之后，便出现了连续的顶部阴线，并且其主图下方的MACD指标中的柱状线也出现了逐步收缩的现象，随后股价逐波下跌，并形成死亡交叉。

　　图8-2-15中的深天地A（000023）2006年5月～2008年7月的周线走势图和图8-2-16中的中国高科（600730）1998年5

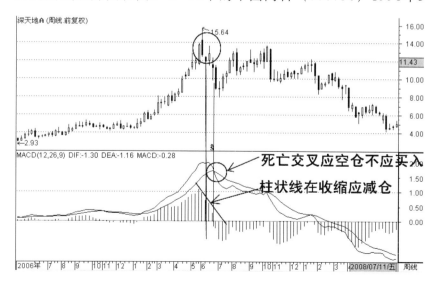

图8-2-15

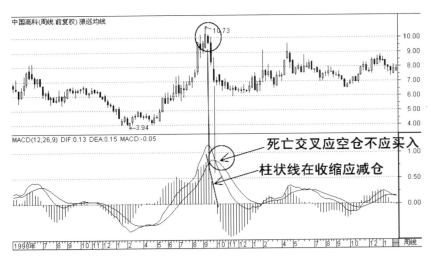

图8-2-16

月～2001年1月的周线走势图，都与重庆百货（600729）的信号形态基本雷同。

从上面的图示中，我们可以看到，深天地A（000023）和重庆百货（600729）的股价在创出新高位之后，虽然没有出现连续的顶部阴线，但我们从其主图下方的MACD指标中可以看到，MACD指标中的柱状线已经出现了快速收缩的现象，这通常意味着行情跌势迅猛，属于风险较高的卖出信号。若发现顶背离信号伴随其股价在时间或空间上形成顶部对称形态时，通常预示行情见顶，后市有可能会出现一轮幅度较大的下跌行情，属于快速减仓或出局的信号。

通过上面的讲述，我们知道了两种常用的预示顶部和底部的信号，当然在实际应用的过程中，投资者也可以在日线图和月线图中使用，其使用效果和方法基本上都是一样的。在日线图中，如果你能够将其应用在上涨趋势中，寻找那些在1／2托底线上方形成下跌托底线形态，买入那些形成上涨信号的股票，波段交易，相信也会让你的交易胜算大增。

◎ **KDJ指标信号**

KDJ指标属于随机指标中的一种，因为其反应比较敏捷，通常是短线投资者研判短期行情走势最有效的技术指标。

但是KDJ指标在实际运用的过程中也有自己的缺陷。如果行情的走势过于强劲，并出现单边均衡的走势，KDJ指标就会出现钝化的现象。之所以这样，是因为当行情出现单边均衡的走势时，KDJ指标的RSV值就会因为价格走势的波幅较小倾向于波动走平，而不是向下或向上。所以，当行情缺少波动（波幅不大）且沿着一个方向不断地上涨（下跌）的时候，KDJ指标中的RSV值达到极致之后就会在KDJ指标的高位（低位）做横向的震荡延伸，再加上KDJ指标中的K线是RSV值的加权平均线，D线又是K线的加权平均线，J线又是3倍的K线减2倍的D线的差数（差离值），所以它们就会因此而出现相类似的反应，相互缠绕或粘连并沿着KDJ指标的顶部或底部作小幅的交错延伸。我们通常把KDJ指标的这一现象叫做"KDJ钝化"。通常KDJ指标在钝化之后形成的上涨信号和下跌信号，都属于胜算较高的买卖信号。

除此之外，KDJ指标的背离和低位交叉等信号，都属于非常有效的买卖信号。在本节中，我们只简单地讲述一下KDJ指标（参数设置为21、8、5）的背离和交叉信号，关于KDJ指标的其他信号，你可以参考其他有关书籍。

我们先来看一下KDJ指标预示底部出现的底背离形态，如图8-3-1中所示。

图8-3-1中是华夏银行（600015）2004年3月～2006年11月之间的周线行情走势图。

从下面的图示中，我们可以看到，华夏银行（600015）自2004年10月下跌之后，就开始逐步与其主图下方的KDJ指标形成底背离形态，随着行情跌势的逐步转弱，KDJ指标的K、D、J三条线也开始向上穿越20的低位刻度线，之后行情便慢慢地止

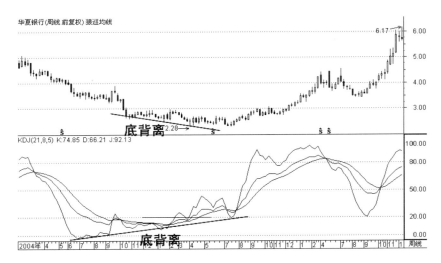

图8-3-1

住跌势，步入到逐波上涨的走势之中，随后在KDJ指标上穿50中线后，行情步入牛市。

图8-3-2则是华夏银行（600015）2006年1月～2009年11月的周线行情走势图。

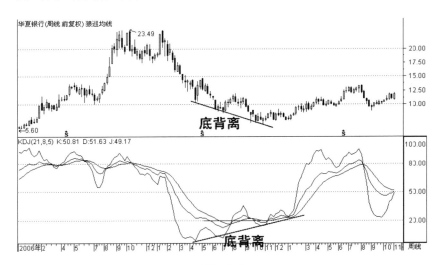

图8-3-2

从上面的图示中，我们可以看到，华夏银行（600015）的第二波上涨也是起自KDJ指标的底背离。自2007年4月下跌之后，华夏银行（600015）的股价就开始逐步与其下方的KDJ指标形成底背离形态，随着底背离的出现，行情跌势也在逐步转弱，随着KDJ指标的K、D、J三条线向上穿越20的低位刻度线，行情又出现了一波向下的走势。但当KDJ指标上穿50中线之后，股价也随后止住跌势，步入到逐波上涨的走势之中，在KDJ指标上穿50中线之后，行情步入牛市。

　　图8-3-3中，民生银行（600016）2006年1月～2007年11月的周线行情走势图与华夏银行（600015）的走势基本雷同，见下图所示。

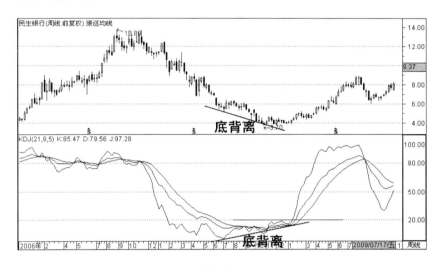

图8-3-3

　　从上面的图示中，我们可以看到，民生银行（600016）的行情走势自2007年4月下跌之后，股价就开始逐步与其下方的KDJ指标形成底背离形态，随着底背离的出现，行情跌势逐步转弱。当KDJ指标的K、D、J三条线向上穿越20的低位刻度线时，行情也同步出现了震荡向上的走势，待KDJ指标上穿50中线之时，行情也随之步入牛市。

　　图8-3-4和图8-3-5的两幅图示中的背离形态就属于另一种形式。其中图8-3-4是上海电力（600021）2003年12月～2009年11月的周线行情走势图。图8-3-5中则是冠城大通

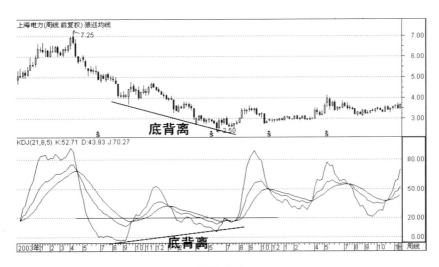

图8-3-4

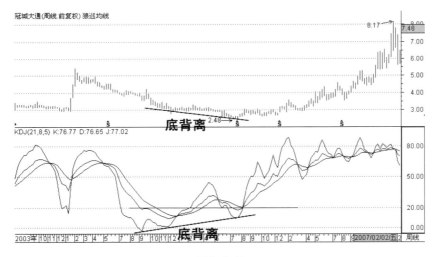

图8-3-5

（600067）2003年8月～2007年2月的周线行情走势图。

从上面的两幅图中，我们可以看到，股价在下跌的过程中，KDJ指标曾在20刻度线的底部形成一次底部交叉，但行情并没有真正上涨，而是持续下跌，直到KDJ指标出现了二次下跌。随着KDJ指标在20刻度线以下再次反转，上穿20刻度线与主图中的股价走势形成底背离形态之后，才出现反转向上的走势，随后股价逐波攀升，进入牛市之中。

综上所述，在实际交易中，当你发现KDJ指标出现底背离信号，并伴随其股价在时间或空间上形成顶部对称形态时，通常预示行情见底，后市有可能会出现一轮幅度较大的上涨行情，属于相对可靠的买入信号。

上面我们讲述了KDJ指标的底背离形态，接下来，我们就来讲述KDJ指标的第二种有价值的信号——黄金交叉。

了解KDJ指标的投资者知道，KDJ指标的KDJ线处于20以下就属于行情超买的信号。但在本节中，为了提高交易胜算，减少短期杂波的干扰，我们依然会采用参数为21、8、5的KDJ指标作为信号标的。如图8-3-6中所示。

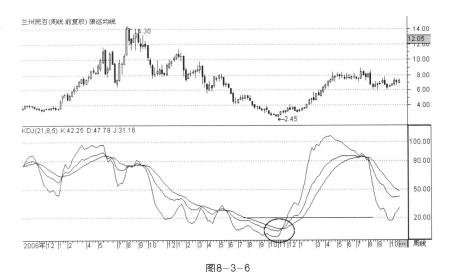

图8-3-6

图8-3-6是兰州民百（600738）2006年11月～2009年11月的周线走势图。

从上面的图示中，我们可以看到兰州百货（600738）的股价自2007年7月创出高点14.30元之后，便随着大盘的走弱而步入熊市，其中虽然多次反弹，但行情依然逐波向下。直到2008年10月左右创下2.45的低点、KDJ指标在20刻度线之下的底部区域，出现黄金交叉之后，行情才开始企稳反升，逐波向上，步入上涨趋势之中。

所以，投资者在实际交易中，若发现股价走势中出现了时间或空间上的底部对称，而KDJ指标又出现了底部黄金交叉时，通常都预示行情反转向上，属于胜算较高的买入信号。

下面的这幅图，是苏州高新（600736）2006年11月~2009年11月的周线走势图。如图8-3-7所示。

图8-3-7

从上面的图示中，我们可以看到，苏州高新（600736）的股价走势与兰州民百（600738）的走势基本雷同。自2007年7月份苏州高新（600736）创出高点11.06元之后，便随着大盘的走弱而步入熊市，其中虽然多次反弹，但行情依然逐波向下，直到2008年10月左右创下2.02的低点之后，KDJ指标在20刻度线之下的底部区域，出现黄金交叉，行情才开始企稳反升，逐波向上，步入上涨趋势之中。

图8-3-8和图8-3-9中，则是另外一种形式的底部黄金交叉。其中图8-3-8是新华锦（600735）2006年4月~2009年10月的周线行情走势图。图8-3-9是实达集团（600734）1997年2月~1999年9月的周线行情走势图。

从下面的两幅图中，我们可以看到，新华锦（600735）和实达集团（600734）的股价都是经过一轮大幅下跌之后，KDJ

图8-3-8

图8-3-9

指标在20刻度线之下的低位出现了反复交叉的现象，直到第二次KDJ指标再次上穿20刻度线之后，行情才开始逐步上扬，步入牛市。

　　所以，投资者在采用这样的指标信号作为买卖依据的时候，一定要注意逐步建仓，以免行情继续下跌造成过大浮亏，有关逐步建仓的方法我们会在后面的章节中详细论述。同样，为了降低此类信号对投资者的判断造成影响，提高投资者的判断准确性，我们会在第九章和第十章中简述如何把KDJ指标和MACD指标相互结合起来使用。

接下来，我们再来讲述KDJ指标预示顶部到来的顶背离和死亡交叉。

我们先来看一下图8-3-10所示的兰州民百（600738）2006年2月～2008年9月的周线走势图。

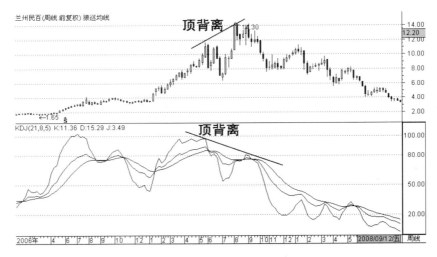

图8-3-10

从上面的图示中，我们可以看到，兰州民百（600738）自2007年7月上涨之后，行情虽然再次创出高点14.30元，但通过其主图下方的KDJ指标，我们可以看到KDJ指标已经出现了与主图中的价格走势相背离的形态，行情出现上涨收缩的现象。通过背离形态的原理和图中的走势，我们可以知道，兰州民百（600738）的股价虽能再创新高，但背离形态的出现已经向我们明确表明，其股价上涨的力量正在逐波减弱，当KDJ指标自背离处再次出现死亡交叉的时候，股价便出现了大幅度的下跌走势，当期下穿中线50的时候，熊市也已经基本确立了。

所以，投资者在实际交易中，若发现股价与前一波行情形成时间对称，或遇到了价格空间对称中的上档阻力线之后，形成如此形态，就属于一个非常可靠的卖出信号。

图8-3-11中是辽宁成大（600739）2005年10月～2008年11月的周线行情走势图。

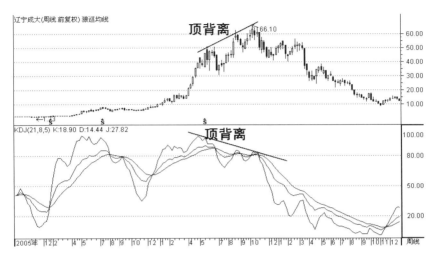

图8-3-11

从上面的图示中，我们可以看到，辽宁成大（600739）的股价走势与兰州民百（600738）的股价走势基本一致，行情自2007年7月上涨之后，虽然多次创出新高，但通过其主图下方的KDJ指标，可以看到KDJ指标已经出现了与主图中的价格走势相背离的形态，出现涨势收缩的走势，股价上涨的力量在逐波减弱。当KDJ指标下穿高位80刻度线，出现死亡交叉的时候，股价便出现了大幅度的下跌走势，当再次下穿中线50，进入绝对空头市场的时候，熊市行情已经基本确立了。

我们再来看下一张图。

图8-3-12中是大连控股（600747）2005年5月～2009年6月的周线行情走势图。

从下面的图示中，我们可以看到，大连控股（600747）的股价走势与兰州民百（600738）的股价走势不太相同，而是在顶部出现了较大的回调。行情自2007年5月下跌之后，股价已经跌去了50％的幅度，虽然能够再次创出新高，但其主图下方的

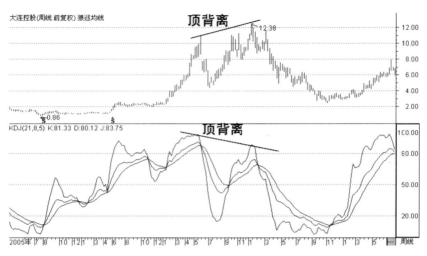

图8-3-12

KDJ指标已经出现了与主图中的价格走势相背离的形态，股价涨幅开始收缩，上涨的力量在明显减弱。当KDJ指标的J线下穿高位80刻度线，并与K线和D线交叉，形成死亡交叉的时候，股价已经出现了明显的下跌走势。当KDJ指标下穿中线50，进入绝对空头市场的时候，行情也已经处于熊市中期了。

图8-3-13中是西藏旅游（600749）2006年5月～2008年8月的周线行情走势图。

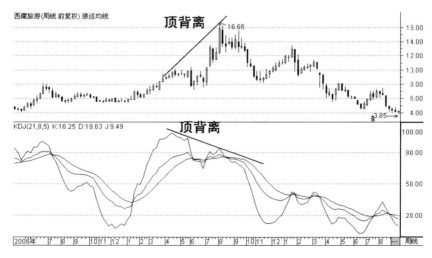

图8-3-13

从上面的图示中，我们可以看到，西藏旅游（600749）的股价走势与兰州民百（600738）的股价走势基本一致。行情自2007年上涨之后，虽然多次创出新高，但其主图下方的KDJ指标，已经与主图中的价格走势出现了明显背离的形态，股价上涨的力量正在逐波减弱，出现了上涨收缩的形态。当KDJ指标下穿高位80刻度线，并形成死亡交叉的时候，股价就出现了大幅度的下跌走势。当其股价下穿中线50，进入绝对空头市场的时候，行情早已进入熊市中期了。

所以，投资者在实际交易中，若发现股价与前一波行情形成时间对称或形成了空间对称，遇到了价格空间对称中的上档阻力线之后，形成如此形态，就属于一个非常可靠的卖出信号。

上面我们讲述了顶背离卖出信号，接下来，我们再来讲述死亡交叉卖出信号。

我们先来看下面的图，如图8－3－14中所示。

图8－3－14是皖通高速（600012）2003年6月～2006年7月之间的周线行情走势图。

从下面的图示中，我们可以看到，皖通高速（600012）的

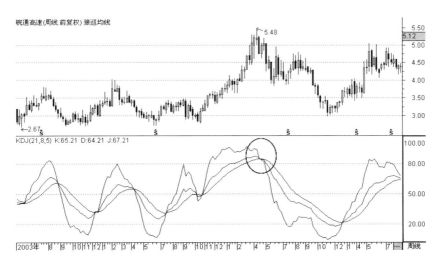

图8－3－14

股价自2004年12月上涨之后，创下了最高点5.48元，此后KDJ指标便在80以上形成高位死亡交叉，随后股价便一路走低步入熊市。

图8-3-15中的ST东北高（600003）的股价走势与皖通高速（600012）的股价走势稍有区别，但信号形式却基本一致。我们来看一下图8-3-15的ST东北高（600003）2006年2月～2008年7月之间的周线走势图。

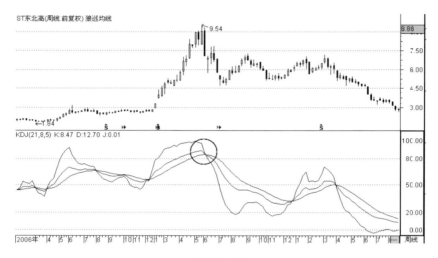

图8-3-15

从上面的图示中，我们可以看到，ST东北高（600003）的股价自2006年12月上涨之后，创下了最高点9.54元，此后KDJ指标便在80以上，形成高位死亡交叉，随后股价便一路走低，步入熊市。所以，投资者在实际交易中，若发现股价与前一波行情形成时间对称或形成了空间对称，遇到了价格空间对称中的上档阻力线之后，形成如此形态，就属于一个非常可靠的卖出信号。

除了上述单独出现的信号之外，KDJ指标与MACD指标都可以出现重复信号，即背离与交叉同步出现，并且这种情况也经常发生。如图8-3-16中所示。

图8-3-16是白云机场（600004）2005年1月～2008年11月之间的周线行情走势图。

图8-3-16

从上面的图示中，我们可以看到，白云机场（600004）的股价自2007年5月行情就出现了收缩走势，行情虽然能够逐波上涨，但上涨的幅度明显在缩小，并且其主图下方的KDJ指标也已经在80以上，形成了死亡交叉。有经验的投资者知道，这通常是一个明显的双信号见顶形态，是一个应该逐步平仓的信号。

图8-3-17中的武钢股份（600005）属于与白云机场（600004）雷同的双信号同步出现的走势形态，如图8-3-17所示。

图8-3-17

从上面的图示中，我们可以看到，武钢股份（600005）的股价自2007年5月下跌之后，行情虽然没有出现明显的收缩走势，能够保持原先的上涨幅度逐波上涨，但其主图下方的KDJ指标也已经在80以上，形成了死亡交叉，且逐步形成了背离的走势，形成明显的双信号见顶形态，是一个应该逐步平仓的信号。

图8-3-18是包钢股份（600010）2005年2月～2008年9月之间的周线行情走势图。

图8-3-18

从上面的图示中，我们可以看到，包钢股份（600010）的股价自2007年6月下跌以来，行情虽然出现了明显下跌走势，其下方的KDJ指标也开始在80以上，形成了死亡交叉。虽然随后行情重返升势，再创新高10.52元，但行情上涨的幅度却明显出现收缩，并与其主图下方的KDJ指标形成了顶背离的走势形态，上涨幅度明显收缩，形成明显的高位背离和死亡交叉的双信号形态，是一个应该逐步平仓出局的风险信号。

图8-3-19中东风汽车（600006）2005年6月～2008年8月的周线行情走势图中的股价走势，与图8-3-18中包钢股份（600010）的股价走势和信号形态基本一致。如图8-3-19所示。

图8-3-19

从上面的图示中，我们可以看到，东风汽车（600006）的股价自2007年5月下跌之后，行情也出现了明显的收缩走势，虽然能够持续上涨，并创出新高10.65元，但其主图下方的KDJ指标早已经在下一波行情下跌之时，在80以上的高位区，形成了死亡交叉，且随着行情新高之后，再次下跌，也与主图中的股价走势形成了顶背离的走势，出现明显的双信号见顶形态，是一个逐步平仓出局的卖出信号。

图8-3-20是东风汽车的另一段股价行情走势，与上面所述

图8-3-20

的几张图示中的走势略有不同。如图8-3-20中所示。

图8-3-20中则是东风汽车（600006）1999年12月～2005年10月之间的周线行情走势图。

从上面的图示中，我们可以看到，东风汽车（600006）的股价走势，在上涨的过程中，出现过多次小幅度的震荡回调，虽然能够逐波向上奋勇上攻，但其下方的KDJ指标早已在80以上的高位区域，形成了死亡交叉，虽然股价能够屡创新高，但却早已显示出了风险的弥端。随着KDJ指标第二次在80刻度线处形成死亡交叉之时，顶背离已经逐步显现，双信号见顶风险信号出现，随着KDJ指标下穿50中线，主图中的股价走势，也同步进入漫漫熊市。

这说明在实际交易中，当遇到类似图形的时候，都属于一些胜算较高的买卖信号。换言之，将这些信号与对称理论的阻力1/3平分线和1/2平分线，以及时间对称相互结合，当发现股价与前一波行情形成时间对称或空间对称，并形成了价格空间对称中的上档阻力线之后，形成如此形态，就属于胜算较高的买卖时机。

总之，将这些信号，当成是对称理论顶底阻力位的确认信号，是一个非常不错的选择。当然，不仅仅是在周线图中，即便是在日线图中和月线图中，也是同样有效的。

第九章　如何确定一波行情的顶部？

Chapter9

上面我们主要讲述了MACD指标和KDJ指标中的背离买卖信号和交叉买卖信号。在这一章中，我们还要讲述如何将两者结合起来与对称理论相互联系，确定一波行情的顶部。

我们先来总结一下上一章中的信号与对称理论相互联系的

方法，这样有助于你更加明确本章的应用方法。

在上面的章节中，我们知道，如果一波行情与上一波行情形成了对称形态，比如前一波上涨行情的运行时间是24周，这一波行情的上涨时间是36周，时间对称形成，也可以是这一波上涨行情运行到了上一波行情的1/2平分线的附近，并受1/2平分线的压制，形成了上涨下压线。随后其主图下方的MACD指标或KDJ指标，出现了顶背离走势或死亡交叉，这基本上就可以确认，行情已经反转，顶部卖出信号成立，属于平仓的时机。

这就是对称理论与MACD指标信号和KDJ指标信号相互联系的基本法则。

还记不记得我总是提到"当股价的走势与前一波行情的走势，形成时间或空间上的对称时，通常意味着行情走势可能会出现方向性的变化，若出现反转信号，就属于行情反转的买卖时机"，我们所提到的"信号"就是这些信号，当然也可以是其他你熟悉的指标信号。归结成一句话就是：将这些信号与对称理论联系起来，用对称理论来辨别顶底阻力位（区域），用这些信号来确定阻力位置的有效性；如果行情在阻力位（区域）并没有形成信号，就不能武断地说这里是顶部、那里是底部。当然在行情到达阻力区域的时候，你也可以少量建仓或减仓，但必须要知道，如果没有信号出现，行情随时有可能持续上涨或下跌。

在这一章中，我们不但要讲述KDJ指标和MACD指标如何统一信号，还要讲述在实际操作中，如何正确建仓和卖出。因为如果你真的死板地按照信号操作，很可能你会错过最佳的买卖时机，削弱获利的能力。

我们先来看一下图9－1－1至图9－1－4中上证指数的周线和月线走势形态。其中图9－1－1至图9－1－3是上涨指数的周线图，图9－1－4是上涨指数的月线图。

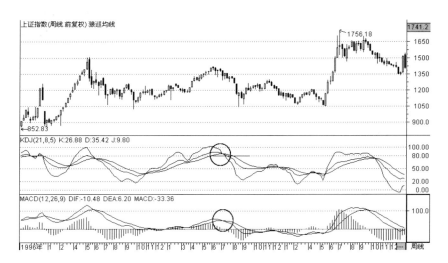

图9-1-1

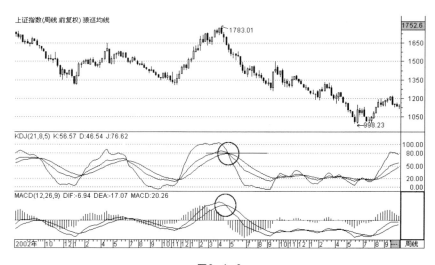

图9-1-2

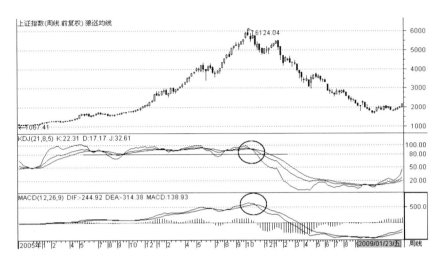

图9－1－3

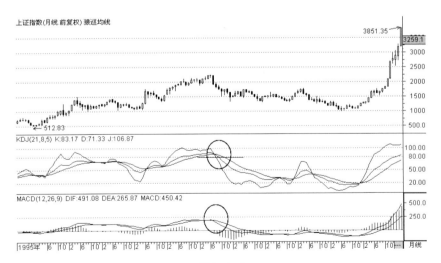

图9－1－4

从上面的图示中，我们可以看到，当KDJ指标在80～100的高位进行震荡横向的运行时，通常都是行情在高位运行的阶段。此时我们还可以看到，MACD指标的柱状线也在逐根收缩。当行情继续运行，KDJ指标在80以上的高位形成死亡交叉，而MACD指标也在远离0轴线的高位形成死亡交叉的时候，上证指数已经进入了熊市之中。

在实际应用的过程中，投资者应该知道，当行情运行到高位，若目前的行情走势与上一波的行情走势形成对称，KDJ指标进入80～100的高位，不再继续延伸而是逐步做横向的运行，且MACD指标的柱状线也开始逐根收缩的时候，这通常就属于一个危险的信号。投资者此时就应该逐步减仓。当KDJ指标自80以上形成死亡交叉，MACD指标也在远离0轴线的高位形成死亡交叉的时候，就是最后的平仓时机。此时，无论手中有多少仓位，都要在这个信号出现之前卖出。

接下来，我们就详细地讲述一下对称理论与这些信号如何结合应用。我们先来看一下图9－1－5所示的时间对称，和图9－1－6所示的MACD、KDJ指标信号。

从图9－1－5中我们可以看到，上证指数自2005年6月上涨之后，走出了一轮超级牛市，为期28个月左右，但从上一波行情

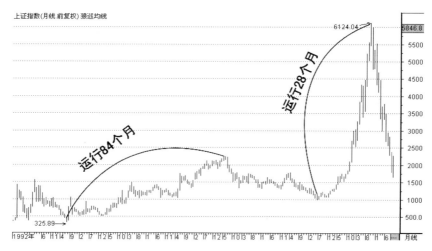

图9－1－5

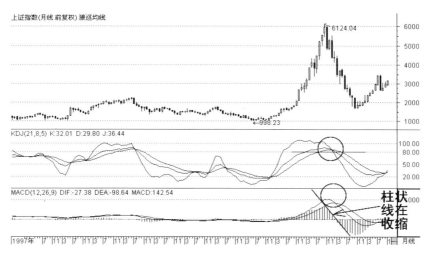

图9-1-6

中我们可以看到，上证指数上一波牛市的走势运行了84个月左右，2005年6月～2007年10月之间的牛市行情运行时间是前一波牛市行情运行时间的1/3，时间上的对称成立了（其实在本书中的第十章中，你可以看到其空间上的对称也成立了）。我们再看一下其下方的KDJ指标中的J线，也早已经进入了80以上的高位，并开始逐步震荡向K线和D线靠拢。随后MACD指标的柱状线也开始收缩，当MACD指标的柱状线在收缩的时候，通常意味着，股价行情的走势在逐渐向10MA平均线靠拢，即上涨的力度在逐渐地减弱。此时通常都是有经验的投资者择机减仓的时候。随着KDJ指标中的J线和MACD指标的EIF线向下弯曲之时，就是风险将至的前奏，通常在这个时候出现类似形态，都是有经验的投资者加大减仓力度或平仓出局的信号。当行情出现下跌的走势，KDJ指标和MACD指标同步形成死亡交叉的时候，就属于最后的卖出时机。投资者只应在此时卖出剩余仓位，而不应继续持有或买入。

从上面的论述中可知，要先看对称，再看对称之后的信号变化，而顶部的卖出机会就在对称出现之后，信号形成初期到信号最终形成的过程之中。

第十章　如何确定一波行情的底部？

Chapter10

在上一章中，我们讲述了如何确定一波行情的顶部，在这一章中，我们就来讲述如何确定一波行情的底部。

本章所讲述的信号，与第九章的信号模式完全相同，但信号所预示的内容则完全相反。我们先来看一下图10-1-1至图10-1-5中的上证指数各阶段的行情走势形态。

图10-1-1

图10-1-2

图10-1-3

图10-1-4

图10-1-5

从上面的多幅图中，我们可以看到，上涨指数各个重要底部形成的时候，KDJ指标都会在80刻度线的低位以下，与MACD指标几乎同步形成黄金交叉。但在交叉之前，我们可以看到，KDJ指标其实早已步入20刻度线的低位下方，MACD指标的柱状线也开始逐步收缩。但对于技术派投资者而言，此时却不是建仓的时候。请记住，技术派投资者的原则是底部形成之后才可以建仓。即需要把握顺势而为的原则，此时应该属于挑选目标股票的阶段。当KDJ指标和MACD指标都出现了黄金交叉的时候，才是建仓的最佳时机。

所以，投资者要记住，在买入的时候，应该耐心等待买入信号的出现，不可轻易抢先，逆势而行。但在卖出的时候，却可以在对称反转信号形成之前，逆市减仓，在卖出信号完全出现之后必须干净利索地平仓完毕。换言之，买时应顺势慢行，卖时应逆势麻利。

接下来，我们再来详细地讲述一下，对称理论在确定行情底部的时候，是如何与这些信号结合应用的。

我们先来看一下图10-1-6中所示的时间对称和图10-1-7中所示的MACD、KDJ指标信号。

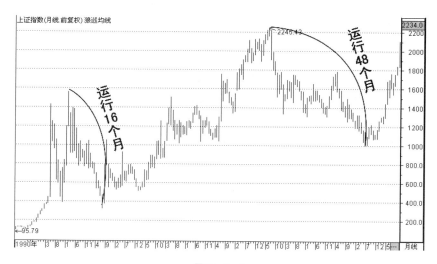

图10-1-6

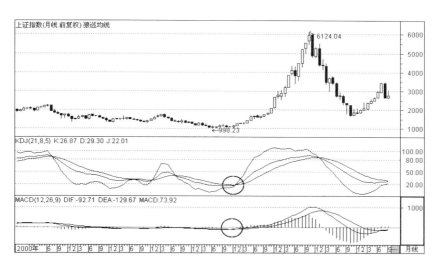

图10-1-7

从图10-1-6中，我们可以看到，上证指数自1993年2月下跌以来，运行时间大约16个月左右，而自2001年6月2245.43下跌以来，到2005年6月运行时间约48个月，是前一波行情运行时间的3倍，时间上的对称基本成立。此时，对于那些有经验的投资者来说，就属于一个挑选股票的时机。

从图10-1-7中，我们又可以看到，KDJ指标和MACD指标几乎同时形成了底部黄金交叉，属于胜算较高的买入信号。对于长线投资者而言，这是他们逐步建仓的大好时机。

综上所述，投资者在应用对称理论进行交易的时候，应先考虑对称理论的时间对称和空间对称，依此来确定行情运行的周期和上档平分线的对称阻力位。如果行情的走势在时间和空间对称形成之时（之后），开始逐步形成买卖信号，则说明行情的时间对称或空间对称是有效的，且之后形成的信号，反转的概率也非常大。

如果行情在时间对称或空间对称形成之后，并没有形成买卖信号，则说明行情的走势并没有遇阻，有可能继续延伸。

我们再归纳一下上述内容，即当行情形成对称形态时（时间对称或空间对称），若出现买卖信号，就属于胜算较高的买卖机会。其中所提到的买卖信号，就是前面提到的各种预示顶部和底部的指标信号。投资者在实际应用中应灵活，进行区别对待。既要把握原则，又要运用灵活；既能单独使用，又能够组合使用。

第十一章　如何确定行情是反转还是反弹？

Chapter11

行情在下跌趋势中形成的上涨，通常都是持续时间不长的反弹，特别是那些上涨幅度不大并且趋向于走平的反弹行情，往往会在后市形成更大幅度和更快速度的下跌。因为下跌行情中途的停顿，通常都是原先趋势的储力过程，此时的反弹往往标志着，行情一旦反转，就会有更大幅度的跌势。因为这样的反弹行情在上涨的过程中，很容易被1/2平分线或1/3平分线所形成的上涨下压线压制，最终形成新的卖出点。

在股票交易中，很多投资者都会因为跟进这样的行情而损失累累。原因是他们总是把反弹当成反转，他们总是一看到行情止跌，就会联想到行情有可能反转向上、止跌反升了。他们总是在不断地试探底部，为了捞个好价钱，喜欢不耻抢先，但往往事与愿违。随着市场的不断运行，随着时间的不断推移，最终会发现，先前被他们当成底部的区域，现在看来全都变成了顶部。

为什么会这样呢？

这是因为市场在下跌的初期，很少会有人认为行情逆转了，当行情出现第一波跌势的时候，通常会有很多刚入市场的投资者亏损被套，所以他们不甘心就此卖出。而那些已经获利的投资者，则因为利益的驱使不愿意相信行情就此下跌，他们总是会错误地认为，自己尚处于不断上涨的牛市中，市场人气依然活跃，所以，每一次行情回调都是一个非常好的买入时机。当行情真的出现第一次大幅回调之时，他们通常都会认为，这是一个再次买入的良机，行情不会就此下跌，只要行情稍一止跌，他们就会误认为行情止跌企稳了，机会来临了，后市可能会再次创出新高，于是他们又开始大笔买进。行情在市场人气尚未完全消退的时候，再一次上涨了，此时又会有很多外行人士步入其中。甚至有一些股市老手也会因为此时市场中的非理性行为，而忽视市场中的危险信号，他们认为："这一次的行情与以往的行情不同。"为了追逐利益，他们忽视了现实，伸手去接那些烫手的山芋。

而那些经验老到的大户则与此不同，他们早已偷偷地卖出了自己的股票，去享受美好的生活去了。因为他们知道，当市场处于极端疯狂的时候，正是那些低位买进者逐步脱手的大好时机。市场可能还会继续上涨，但这并不是他们继续买入的理由。

紧接着，因为再也没有更多的买家入市了，市场人气开始消散，成交量也开始出现了明显的萎缩，股价无法再创新高了，一些风险意识较强的投资者，为了规避风险，也开始偷偷地卖出自己的股票。市场就这样再一次出现了下跌，并且创出了新的低点。大部分的投资者都出现了亏损，那些经历过市场风雨的人士都意识到，市场前景有可能不妙了，于是他们争先恐后地卖出自己的仓位以降低损失。市场就这样再次下跌。

当市场又在争先恐后的抛盘中下跌了一段时间之后，股指的跌幅已经达到了30%～50%，大多数股票跌幅巨大，市场出现了技术分析人士所言的超跌，市场中再次充斥了看涨的气氛，市场再次止跌反弹……

直到多次类似的行情之后，市场中那些活跃的投资者倾向沉寂的时候，行情才逐步见底了。因为那些看多派消失了，市场中再也不会有莫名其妙的看多者了，成交量已经呈现地量状态，该卖出的人都卖出了，剩下的基本上都是些已被深套的套牢族和一些坚定的长线投资者。

市场价格逐渐地跌无可跌，股价已被市场严重低估了。此时那些经验丰富的投资者又开始蠢蠢欲动，市场虽然还在下跌，甚至创出新低，但成交量较以前已经有了明显的不同，时不时地就会出现莫名其妙的增量，这通常都是那些有经验、有实力的投资者在试探性建仓所留下的一些蛛丝马迹。接下来，市场中的成交量就会出现并不明显的增量现象，伴随着股价的涨跌，时多时少。这就是那些有经验有实力的投资者在逐步建仓。随着市场的见底反转，成交量开始呈现明显的放大，大多数经验成熟的投资者都意识到，市场有可能见底反转了，市场中的买入者正在逐步增多，那些坚定的看多派也敢于建立更多的仓位了，股价开始再度上扬，并且创出阶段性新高，随之而来的就是股价重返上涨趋势，并创出新高，步入牛市。

有投资者说"三波反弹就见底"，这种说法并不科学，因为他们的这种说法仅仅是依赖于"事不过三"的思想"规律"。他们认为凡事只有再一再二，没有再三再四。但残酷的现实告诉我们，一波熊市中可以有多次反弹。

所以在这一章中，我就来讲一下，如何用对称理论来区分行情是反弹还是反转。我们先来看一下图11-1-1和图11-1-2。其中，图11-1-2是IT指数2002年6月～2003年1月的日线走势图。

从下面的图示中，我们不难发现，行情在下跌的过程中，虽然出现了反弹走势，但最终受到1/2平分线的压制，股价的上涨往往都会以反弹的形式结束上涨，然后创下新低，继续下跌。

由此可见，行情在下跌中形成的反弹，一旦受到上一波行情的1/2平分线或1/3平分线的压制，很容易形成顶点。

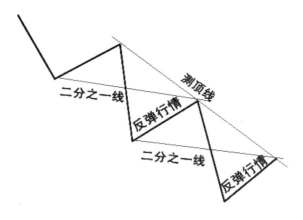

图11-1-1

图11-1-2

那么，我们如何才能确定行情反转向上，或什么时候才是最好的买入时机呢？

我的回答是，对于技术分析的投资者而言，最好的买入点就是行情反转之后，由第一个上涨中的回调形成的底部。如图11-1-3至图11-1-5所示。其中图11-1-4是IT指数2004年9月～2006年11月之间的日线行情走势图。图11-1-5则是英镑美元1998年10月～2003年11月的周线走势图。

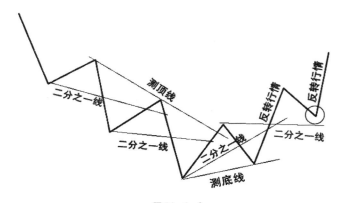

图11-1-3

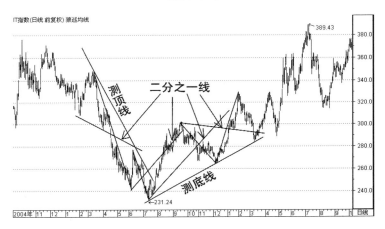

图11-1-4

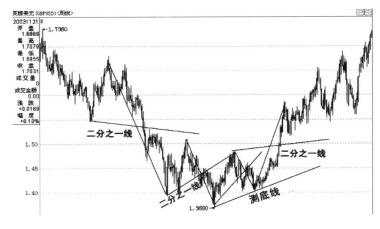

图11-1-5

从上面的图示中，我们可以发现，当上一波行情的1/2平分线开始上翘，并逐步脱离原来的趋势角度的时候，下跌的力度才开始减弱。换言之，当行情下跌的波长出现收缩，行情再次上涨，且回调不创新低就反转向上，并呈现出测底线形态，之后上涨时的1/2平分线开始走平或上翘，并且即便是再次出现回调，也跌不破测底线的时候，或受到上一波行情的1/2平分线或1/3平分线支撑，通常都预示着上涨趋势成立了，行情即将反转向上，步入上涨趋势了，此时进入是最安全的买入时机。

投资者在进行交易的时候，一定不要为了买到底部而误入反弹的陷阱，不要用长期持有来安慰自己，更不要逆势摊平。相对于技术分析的投资者而言，市场中最佳的买点，通常都来自于不创新低的右边出现测底线之后，行情再次回调时，受到前一波行情的1/2平分线或1/3平分线托底支撑之后的上涨。这不但是一种智慧，也是顺势而为的另一重要原则，与亚当理论的买入点具有一致性。

第十二章　下跌中的反弹阻力位

Chapter12

行情在下跌的过程中，通常会出现一波一波的反弹行情，这主要是因为，行情在下跌的过程中，凝聚了市场中的部分看多意识，这些意识通常都会因为行情超跌而变成购买行为，促使行情出现短期的反弹。

那么，诸如此类的反弹行情，他们反弹到哪些区域会出现反转呢？

通常，按照对称理论所演示的那样，下跌中的反弹头部，往往会出现在前一波行情的1/3和1/2的上涨下压线附近。其理论依据是：行情之所以会反弹到上一波行情的下压线附近，主要是因为上一波行情中的套牢盘，会在行情反弹上升的过程中，为了抹平损失而卖出原先的仓位解套出局，规避风险。这会削弱现行行情的上涨动力，致使一些短线交易者因行情滞涨而卖出股票，迫使买方人气受损，促使行情反转向下。如图12-1-1所示。

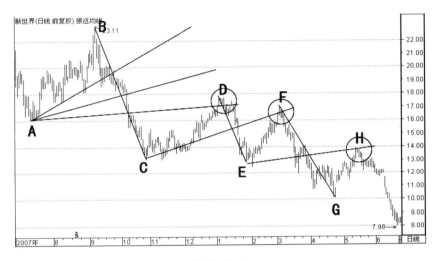

图12-1-1

从上面的图示中，我们可以看到，2007年7月～2008年6月之间，新世界（600628）的股价自下跌以来曾出现过多次反弹，均反弹到上一波行情的1／3平分线和1／2平分线处，行情开始滞涨不前，出现了上涨下压线形态形成阶段性顶部，随后股价反转向下，持续下跌。在图中，我们可以看到，第一个阶段性顶部D受BC行情的1／3平分线压制，出现拐点。第二个阶段性顶部F受DE行情的1／2平分线压制，出现拐点。第三个阶段性顶部H受FG行情的1／2平分线压制，出现拐点。

我们再来看一下汇通能源（600605）2007年9月～2009年1月的日线行情走势情况，如图12-1-2中所示。

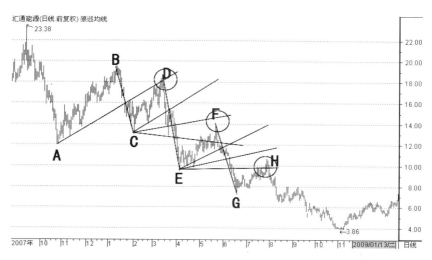

图12-1-2

从上面的图示中，我们可以看到，汇通能源（600605）在2007年9月～2009年1月下跌的过程中，也形成过多次反弹走势，并且也都被上一波行情的1／2和1／3平分线压制，形成上涨下压线形态。图中行情CD为反弹行情，当CD行情运行到高点D处时，受到了BC行情的1／2平分线的压制，形成了上涨下压线，阶段性顶部出现。随后股价便反转向下，持续走低。第二波反弹行情是EF。从图中，我们可以看到，EF行情在反弹的过程中，曾一度上涨到DE行情的1／2平分线（CF）附近，但因受到1／2平分线的压制，行情出现了滞涨，形成阶段性顶部F，之后行情反转向下，持续下跌。直到行情运行到G处，才止住跌势，再次反弹。但从上面的图中，我们可以看到，反弹行情GH的阶段性高点，依然没有脱离前一波行情的1／3平分线和1／2平分线的压制，GH行情运行到FG行情的1／3平分线处时，受FG行情的1／3平分线压制，出现上涨下压线形态，行情出现了阶段性顶部H，随后股价开始持续下跌。

我们再来看一下ST兴业（600603）2001年10月～2003年4月之间的行情走势情况，如图12-1-3中所示。

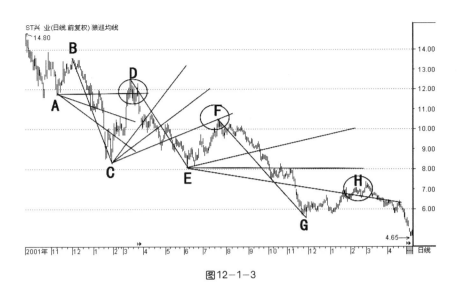

图12-1-3

从上面的图示中，我们可以看到，ST兴业（600603）2001年10月～2003年4月股价自下跌以来，曾出现过多次反弹，但均反弹到上一波行情的1/3平分线和1/2平分线处，行情开始滞涨不前，出现了上涨下压线形态，形成阶段性顶部。随后股价反转向下，持续下跌。在图中，我们可以看到，第一个阶段性顶部D受BC行情的1/3平分线压制，行情开始反转向下，出现了第一个拐点。第二个阶段性顶部F受DE行情的1/3平分线压制，行情滞涨反转，出现了第二个拐点。第三个阶段性顶部H受FG行情的1/3平分线压制，虽然出现过震荡向上的走势，但始终难敌1/3平分线的压制，行情滞涨不前，出现了第三个拐点。

我们再来看一下图12-1-4中青岛啤酒（600600）2007年9月～2008年11月的日线行情走势图。

从上面的图示中，我们可以看到，青岛啤酒（600600）2007年9月～2008年11月的日线股价走势，与ST兴业（600603）、汇通能源（600605）、新世界（600628）的股价走势基本是一致的。自下跌以来，行情就波动起伏，出现过多次反弹，但每当行情反弹到上一波行情的1/3平分线和1/2平分

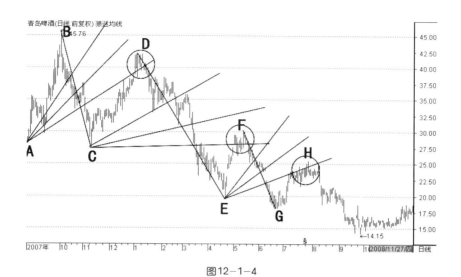

图12-1-4

线处时，就开始滞涨不前，呈现出上涨下压线形态，形成阶段
性顶部。随后股价反转向下，持续下跌。

在图中，我们可以看到，青岛啤酒（600600）的第一波行
情CD反弹到BC的1/3平分线时，便形成了第一个阶段性顶部
D，受BC行情的1/3平分线压制，行情开始反转向下，出现了
第一个拐点。第二波行情EF反弹到DE行情的1/3平分线时，第
二个阶段性顶部F出现，并受DE行情的1/3平分线压制，形成
上涨下压线，行情滞涨反转，出现了第二个拐点。第三波行情
GH反弹到FG行情的1/3平分线时，第三个阶段性顶部H出现，
并受FG行情的1/3平分线压制，形成上涨下压线，行情滞涨不
前，出现了第三个拐点。

从上面各图的演示中，我们可以看到各反弹行情的阻力位
置，行情在反弹的过程中，其反弹的幅度通常都会以上一波行
情的1/2平分线和1/3平分线为上涨阻力位，所以，投资者在实
际交易中，若发现行情的反弹幅度到达这些位置时，应特别留
意危险信号。

第十三章　上涨中的回调阻力位

Chapter13

　　前面我们演示了下跌中的反弹阻力位，在这一节中我们再来讲解一下，行情在上涨趋势中，会在哪些区域形成回调阻力位。

　　行情在下跌的过程中，会出现阶段性的反弹，同样行情在上涨的过程中，也会出现阶段性的回调。其原因与下跌中的反弹相反。下跌中的反弹，是因为市场中有人认为市场超跌了，行情股价相对较低，短期之内有利可图而买入股票。而阶段性回调则是那些短期买入者买入之后，因为行情的上涨，他们的股票仓位出现了利润，为了兑现利润而卖出股票的。

　　当这些短期的卖出者完成了卖出的过程之后，市场中的卖方力量就会随之消失。接下来，上涨的动力就会继续发挥作用。行情在上涨的过程中，回调到哪里才能够停止呢？或者说行情回调的阻力位在哪里呢？

　　接下来，我们就为你解答这个问题。

　　我们先来看一下图13-1-1和图13-1-2中，即金丰投资（600606）2008年7月～2009年9月之间的一段日线走势图。

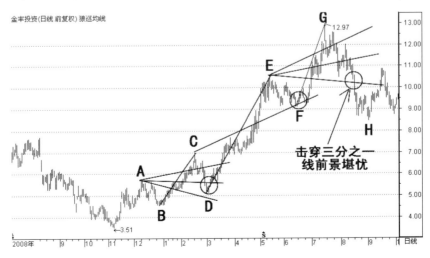

图13-1-1

图13-1-2

　　从上面的图示中，我们可以看到，金丰投资（600606）在2008年7月～2009年9月之间上涨的过程中，曾经历过多次回调，都受到1/3平分线和1/2平分线的托底支撑，而重返上涨趋势。

　　我们先来看一下金丰投资（600606）第一波行情回调的走势情况。

　　第一波行情CD回调至BC行情的1/2平分线时，行情受到了支撑，形成低点D。阻力信号出现，行情随后反转向上，展开了另一波升势。第二波回调行情EF经过一轮回调之后，则受到DE行情1/2平分线的支撑，止住跌势，反转向上。第三波回调行情GH，则击穿了FG行情的所有平分线，市场前景堪忧。但好在我们在图13-1-2中采用大周期对称法寻找阻力线时发现，CD行情回调至BC行情的大周期1/2平分线时，止住了跌势，行情出现了反转向上的震荡走势。

　　我们再来看一下方正科技（600601）2008年9月～2009年10月的日线行情走势图，如图13-1-3所示。

　　从下面的图示中，我们可以看到，方正科技（600601）的股价在上涨的过程中，也出现了多次回调，但都受到前一波行

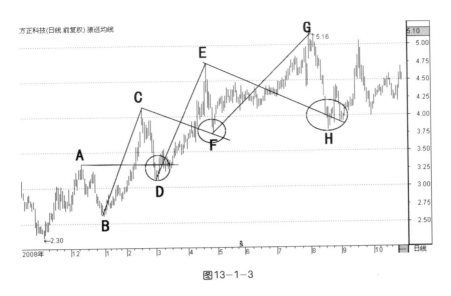

图13-1-3

情的1/2平分线的支撑而重返升势。

　　我们先来看一下方正科技（600601）的第一波回调行情CD的走势情况。

　　从图中，我们可以看到，当CD行情回调到BC行情的1/2平分线处时，行情受到了BC行情的1/2平分线的支撑，逐渐止跌企稳，反转向上，并创出了新高E。当行情从E处回调至F处的时候，行情受DE行情的1/2平分线支撑，形成了低点F，行情再次上涨，并创出了高点G。当行情从G点开始回调到H点的时候，行情受FG行情的1/2平分线的支撑，形成了低点H，行情再一次反转向上。

　　我们再来看一下图13-1-4中，即ST联华（600617）2008年10月～2009年10月的日线行情走势图。

　　从下面的图示中，我们可以看到，ST联华（600617）2008年10月～2009年10月的日线行情走势，与方正科技（600601）2008年9月～2009年10月的走势基本一致。两者的股价均在上涨的过程中出现了多次回调，但都受到前一波行情的1/2平分线的支撑而重返升势。

　　我们先来看一下ST联华（600617）的第一波回调行情CD

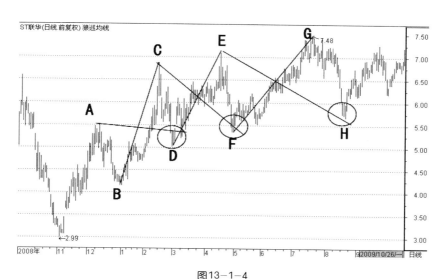

图13-1-4

的走势情况。

在上面的图示中，我们可以看到，当CD行情回调到BC
行情的1/2平分线处时，行情受到了BC行情的1/2平分线的支
撑，逐渐止跌企稳，反转向上，并创出了新高E。当行情从E处
回调至F处的时候，行情受DE行情的1/2平分线支撑，形成了
低点F，行情再次上涨，并创出了高点G。当行情从G点回调到
H点的时候，行情受FG行情的1/2平分线的支撑，形成了低点
H，行情再一次反转向上。

接下来，我们来看申达股份（600626）2008年9月～2009
年10月的日线行情走势图。如图13-1-5所示。

从下面的图示中，我们可以看到，申达股份（600626）在
2008年9月～2009年11月之间上涨的过程中，曾经历过3次回
调，但都受到1/3平分线和1/2平分线的托底支撑，而重返上涨
趋势。

我们先来看一下申达股份（600626）第一波行情回调的走
势情况。

第一波行情CD回调至BC行情的1/2平分线时，行情CD受
到BC行情的1/2平分线的支撑，形成低点D，阻力信号出现，

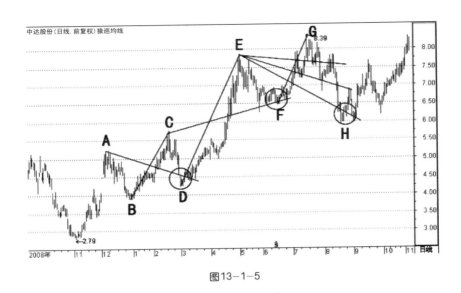

图13-1-5

行情随后反转向上，展开了另一波升势。而第二波回调行情EF
经过一轮回调之后，则受到DE行情1/2平分线的支撑，形成了
阻力信号，行情止住跌势，反转向上。而第三波回调行情GH，
则回调至FG行情的1/3平分线处，才出现了阻力信号，行情止
跌企稳，反转向上，进入另一波涨势。

综合了上面各图示中的回调支撑阻力位，我们就可以知
道，大多数情况之下，行情回调的阻力位置，均在上一波行情
的1/3平分线和1/2平分线附近。所以投资者在实际交易的过程
中，若在上述阻力位附近发现上涨信号，均属于胜算较高的建
仓或加码的时机。

第十四章　不同周期的研判方法

Chapter14

运用对称理论时，投资者应该根据周期的变化来改变平分
线的画法。因为投资者在使用对称理论的过程中会遇到这样一

个问题，那就是先前的一波行情中往往不止一个顶或一个底；有时候，有的行情会完全击穿前一波行情的所有平分线，这时投资者就不能死板教条地按照原先的平分线来分析了。必须重新找一个支点（顶或底），重新来画目前行情的平分线，这就是不同周期的大周期画法，也是弥补先前行情持续上涨或下跌的另一方法。

那么，投资者到底应该按照哪个底或者顶来画出大周期的平分线呢？

遇到这样的问题时，应该把握最后顶底优先的原则，即先以最后一波的顶和底来画平分线，如图14-1-1所示。

图14-1-1

如上图所示，在判断CD行情的顶点时，先采用的就是以前一波行情中最后一个中期底部为标准。从图中，我们可以看到，行情自高点B处下跌到C处后，行情出现了一波反弹行情，但当反弹行情CD运行到BC行情的1/3平分线时，受到了阻力，行情开始反转向下，并再一次创出新低。

那么，我们用其先前一波行情的顶部来判断又会出现什么样的效果呢？

我们再来看一下图14-1-2中所示的另一周期平分线的画法。

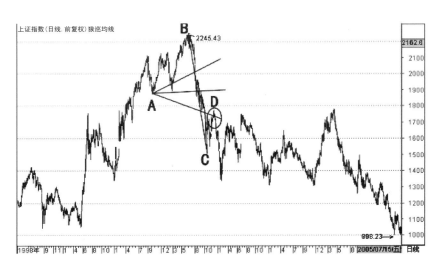

图14-1-2

从上面的图示中，我们可以看到，图14-1-2中从低点A处开始画出的三条平分线与图14-1-1中从低点A处开始画出的三条平分线，都起到了压制CD行情反弹的作用。

这说明，在两波相近的行情中，两波行情的低点或高点都可以起到压制行情反弹或支撑行情回调的作用。

当行情在后来脱离了第一个低点的阻力线时，继续启用其前面的另一波行情的底部和顶部，画出另一组平分线的方法也是有效的。

我们继续向下看。

当行情创出新低之后，再一次出现反弹行情并穿破上一波行情的所有平分线时，我们采用先前行情的第三个中期底部为支撑点画出三条平分线。如图14-1-3所示。

从下面的图示中，我们看到，行情自B处高点下跌以来，虽然出现了一波反弹行情，但最终依然没能摆脱下跌的局面，并创出新低。当行情从新低C处反弹时，我们看到，行情在反弹期间曾形成了一波回调，但之后行情再次上涨，并创出新高D，如果用短周期的对称平分线来判断，虽然也是可行的，但我们还是需要启用BC之间的大周期平分线，来确定这波稍大一点的周

图14-1-3

期的反弹阻力位。

　　从图中，我们可以清楚地看到，反弹行情CD在到达BC行情的1/2平分线时，遇到了阻力。看来以低点A为起点，用来平分BC行情，作为大周期的分析方法，来判断目前行情反弹的顶点的方法是有效的。

　　我们再来看一下图14-1-4，我们用前一波行情的另一个底部作为研判CD行情的顶部阻力位的画线基点的情况如何。

图14-1-4

从上面的图示中，我们可以看到，其作用并没有多大的变化，依然能够有效地研判出CD行情在反弹的过程中有可能到达的阻力位。

可能有的读者会问："如果这样的话，我们到底以哪一个底部或顶部，作为研判下一个顶部或底部的标准呢？"

我的回答是："必须同时兼顾，综合考量。当行情的走势明显地超出上述短周期的平分线各阻力位的时候，就要采用大周期的方法，来判断其有可能在大周期中所形成的阻力位置。因为这通常说明，行情的走势已经脱离了先前的小周期的限制，而步入到大周期的走势之中了。"

所以，当投资者发现行情的走势超过了原先的平分线标准时，就必须考虑下一个更大周期的平分线，采用下一个更大周期来确认当前行情的顶部和底部。所以，当你要判断一个大周期的顶部和底部的时候，就应该以大周期的顶部和底部为基点进行测量，然后再重新对比论证、重新分析判断。如图14-1-5和14-1-6所示。

从下面的两幅图示中，我们可以看到，CD行情反转之后，虽然判断其顶部的起点不同，但其顶部所在的位置，均处于两

图14-1-5

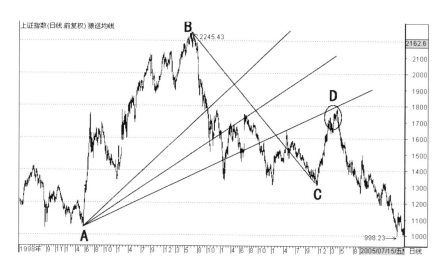

图14-1-6

者的1/3平分线处。这进一步论证了我们上面说过的"同时兼顾，综合考量"。当然，如果你是一个长线投资者，并不打算每个波动都参与进去，你只打算在熊末牛初之时买进，在牛末熊初之时卖出。那么你只需要将日线图切换到周线、月线，甚至季线中即可。因为这比起日线图的走势形态更加清楚明了，是长线投资者应该掌握的最有效的方法之一。最后还有一个问题就是单边行情的问题，单边行情除了遵循波长法则之外，也同样遵循对称理论的大周期法则，如图14-1-7和14-1-8所示。

　　图14-1-7和图14-1-8是上证综指的1993年2月～2007年12月的月线图。

　　从图14-1-7中，我们可以看到，图中A'B之间的虚线为行情AB的辅助线与AB的长度相同与CD的角度平行，A'D是BC行情的1/2平分线。图中的实际线段误差是AB行情与CD行情运行的幅度差。CD行情的顶部正处于BC行情的1/2平分线A'D线的附近。

　　由此不难看出，上证综指的单边行情走势，在价格运行空间上依然具有对称性特征。

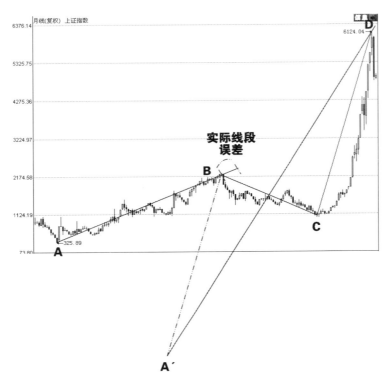

图14-1-7

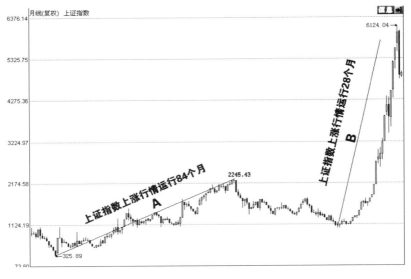

图14-1-8

图14-1-8中所显示的是上证综指在时间上的对称性。

从图中，我们可以看到，上证综指从1994年7月29日的最低点325.89点运行到2001年6月14日的最高点2245.43点时，共运行了84个月。第二波上涨行情又从2005年6月6日起，运行到2007年10月16日的6124.04点时，出现了一波大的下跌，其运行时间为28个月，在时间上28个月为上一波上涨行情84个月的1/3。

在这里，我要说明一点的是，如果投资者在实际交易中遇到了一波毫不停歇的单边行情，测量的方法，就如本章中所叙述的，用前一波大周期行情的涨跌幅度和时间来测量即可。若投资者遇到的是间歇性的涨跌，如果是上涨，那就先用第一波上涨行情的运行幅度和时间进行测量，然后再综合考量。下跌与此法雷同。

当然，投资者也可以将图表的周期转换到可以抚平这些短期小波动的较长周期进行测量，比如上面所述的周线、月线等。总之，在某些特殊情况下，你必须灵活应用，而不应该死板地应用某一固定的周期。

第十五章　注定亏损的对称走势

Chapter15

在实际交易中，总有一些行情走势会让熟悉它的人不寒而栗，因为这些走势形态的出现，往往预示着行情正在向不利的方向转换。这种图形就是对称理论中的"线下上涨下压线"，换句话说就是：股价在下穿120MA平均线和250MA平均线时，在其下方反弹之后，受前一波行情的1/2和1/3平分线的压制，形成上涨下压线。

简而言之，当行情步入下跌趋势之后，在反弹的过程中，遇到1/2平分线或1/3平分线在其上方向下压制并形成下跌信号时，通常都是一个非常危险的警示。如图15-1-1所示。

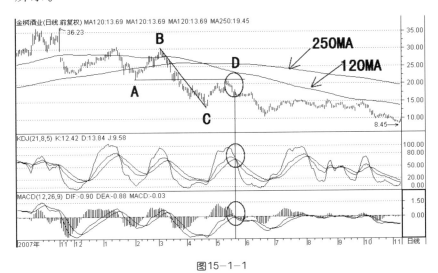

图15-1-1

图15-1-1是金枫酒业（600616）2007年10月～2008年11月的日线行情走势图。

从上面的图示中，我们可以看到，金枫酒业（600616）的股价自2008年3月跌破120MA平均线和250MA平均线，行情经过了一轮下跌之后，便出现了反弹行情CD，但却受到BC行情的1/2平分线（AD）的压制，形成了上涨下压线，出现了反转向下的走势形态。我们再看一下其下方的KDJ指标（参数值为21、8、5）和MACD指标的形态，就可以看到，KDJ指标和MACD指标同时出现了死亡交叉信号，这是一个非常明显的顺势下跌信号，这样的信号只利于在做空市场中做空头交易。如果你是一支股票的看多者，你认为此时行情正处于从低点C开始上涨的初期，行情的下跌只是一个小幅回调走势，并据此买入，那么亏损就会像定律一样在所难免。

图15-1-2是双钱股份（600623）2007年9月～2009年1月的日线行情走势图。

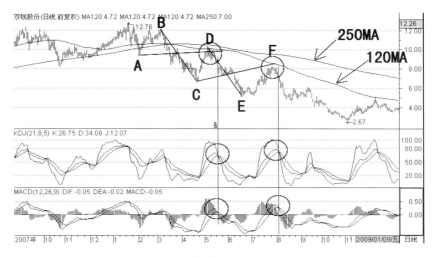

图15-1-2

　　从上面的图示中，我们可以看到，双钱股份（600623）的行情走势自2008年下穿120MA平均线和250MA平均线之后，曾形成了两波反弹行情，即CD行情和EF行情，但都被上一波行情的1/2平分线所压制，形成上压线。图中CD行情在反弹的过程中受BC的1/2平分线（AD）的压制，而EF行情在反弹的过程中受DE的1/2平分线（CF）的压制，均形成上涨下压线形态，并且其下方的KDJ指标和MACD指标都出现了死亡交叉信号。随后市场便持续下跌，步入漫漫熊市中。

　　图15-1-3是氯碱化工（600618）2007年1月～2008年11月的日线行情走势图。

　　从图15-1-3中，我们可以看到，氯碱化工（600618）的股价自2007年4月下穿120MA平均线和250MA平均线之后，行情也出现了一波回调，即图中的CD行情，但当行情反弹到120MA平均线和250MA平均线的附近时，却受到BC行情的1/3平分线（AD）的压制，上涨下压线形态出现，并且随着行情的走弱，其下方的KDJ指标和MACD指标同时形成了死亡交叉，随后便再次出现一波下跌行情。

　　图15-1-4是金杯汽车（600609）2007年9月～2008年10月

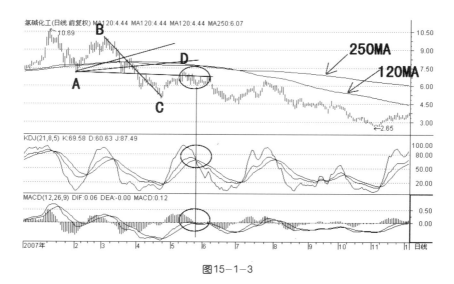

图15-1-3

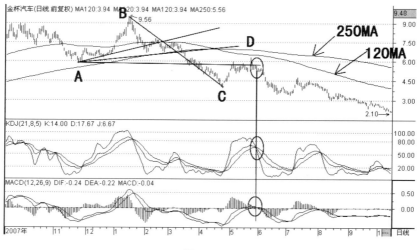

图15-1-4

的日线行情走势图。

从上面的图示中，我们可以看到，金杯汽车（600609）与氯碱化工（600618）的走势形态基本一致。金杯汽车（600609）的股价自2008年3月下穿120MA平均线和250MA平均线之后，行情也出现了一波回调，即图中的CD行情，但当行情反弹到120MA平均线和250MA平均线的附近时，却受到BC

行情的1/3平分线的压制，上涨下压线形态出现。随着行情的走弱，其下方的KDJ指标和MACD指标同时形成了死亡交叉，随后便再次出现一波下跌行情。

我们曾经在上面的章节中讲过，1/2平分线和1/3平分线的上涨下压线，对于看多的投资者来说，通常都属于风险较高的危险信号。如果在出现上涨下压线的同时，伴随着MACD和KDJ指标的下跌交叉或顶背离等信号，那么基本上可以确定后市行情堪忧。投资者在实际操作的过程中，遇到这样的信号形态时应多多考虑风险，及时卖出手中的仓位。

更重要的是，必须将对称理论中的阻力位与你所熟知的买卖信号联系起来，你才能够做出最正确的抉择。因为对称理论的作用是为你提供市场变化的区域和时机，而那些买卖信号的出现，则可以确认买卖时机的有效性，给你的投资决策带来最高的胜算。

记住，在对称理论的阻力区域等待信号的出现，你就会得到最高的获胜几率。

下 篇

对称理论交易理念精粹

第十六章　你能够一击即中吗？

Chapter16

一个人判断力的强弱，很大程度来自于知识和经验。换言之，经验越充足、知识越丰富的人，其判断力就越强，判断的结果也就越准确。比如有些经验丰富的投资者，他们看一看目前行情的走势，就可以知道未来最近一段时间，行情的大致走势情况。这并不是什么预测，而是经验！

当然，经验再充足、知识再丰富，也并不意味着不会出错，相反，那些经验丰富的投资者通常都在时时刻刻地为有可能出现的错误而做准备。因为他们知道，即便是自己判断得再准确，也无法避免错误的出现。知识和经验只能够帮助投资者提高判断的准确率，却无法规避错误！所以投资者最重要的不是去思考如何能够一击即中，而应该考虑如何应对有可能出现的错误。

我看到过很多刚入市场的投资者，他们总是一味地满仓进出，他们脑子里的理念就是要判断得准确，然后一击即中。

但是我要告诉你事实的真相，那就是通常有这样一种理念的人基本上都是大亏而回，他们有可能偶尔赚取一点小利，这只不过是一时的侥幸，企图用这种挥金如土的方法与市场对抗，最终只能是被市场干掉。

投机市场中的谬论通常总能够大行其道，而真理却总是会被人们遗忘，乃至于不被理会。很多成熟的投资者都知道，行情走势不可预测，你也无法一击即中。然而现实却是，疯狂的投机者总是对于这些来自肺腑的忠告无动于衷，他们总是会像赌场中的赌徒那样，冒着巨大的风险去赌自己有可能正确。他们喜欢为自己买入的股票加油鼓劲，他们的理念就是：看准机会，大胆满仓，只要运气到了，发财不是问题。

事实真的如此吗？聪明的投资者可能早有耳闻，大多数自以为是的赌徒，可能会得到一时的春风得意，但只要时间一长，这些可怜虫到最后都是千金散尽，进入一蹶不振的窘境。

所以你需要知道的是，如果你不想被市场很快打垮，在进入投机市场的开始，你就必须去除这种企图让自己一击即中的想法，你必须要为自己有可能出现的错误留下一定的余地。我知道很多投资者都能够遇到一连串的正确，并且获益匪浅，然而，如果你据此就误认为自己只要再多努力一下，完全可以达到一击即中的"高水平"操作境界的话，这就意味着，你被一次偶然的成功迷惑了，进入了执迷不悟的境地。

在进入市场的初期，人的思想认知是很重要的，因为这时候的人对市场一无所知，所以他们通常都会以自己最先认知到的事物，作为判断以后事物的标准，并且很难改变。如果一个初入投机市场的人，在一开始接触的知识就是谬论，那么这个人就完全有可能会在一条错误的路上越奔越远。特别是一些喜欢短线交易的投资者，他们最关注的不是如何做好资金管理，他们最关注的就是自己能不能一击即中。

我曾经对我的几个朋友说过，要在股票市场中盈利，不是依赖准确无误的预测和快速的满仓出击。换言之，赢家依赖的不是一击即中，而是依赖如何在正确的时机里持有正确的仓位，和如何在错误的时机里处理错误的仓位。在股票市场中获利的关键，就是在一个恰当的时机买入，然后一路持有，而不是不计成本地频繁交易或准确无误地一击即中。一击即中只是形容你行动的时机非常恰当，但是在投机市场中一个恰当的时机并不一定意味着就是一个一定要满仓介入的点，它是一个区域，或者说一段时间，那些总是把机会理解成一个点的投资者，通常都无法领略时机的精髓，他们通常都会在正确的时机里做出错误的事情。

我想，我应该解释一下，什么是在正确的时机里持有正确的仓位，以及如何在错误的时机里处理错误的仓位。

投资者必须知道，正确的交易时机就是市场由熊转牛的转换时期，在这个时期，投资者应该大量持有仓位。如索罗斯所言：正确的交易方法就是在市场枯荣交接的时期持有足够的仓位。这个时候即便是行情持续下跌也不可怕了，因为很多卖出者都已经卖出了自己的股票，市场中虽然充斥着悲观的情绪，成交低迷，但很多股票都跌破了其应有的价值，被市场严重低估，在价值的驱动下，这些股票用不了多久就会修复市场错误，出现上涨。所以此时的行情通常都会莫名其妙地出现一些快速的上涨或下跌走势，但是之后的股价就会随着成交量的增加而开始企稳。因为这个时候，通常都是那些经验老到的投资者逐步建仓的时机，他们精于低买高卖，所以他们从不畏惧低价市道。但他们也从不期望自己能够一击即中，买进去行情就会上涨，他们清楚地知道，即便是自己所处的市道价格很低，股价依然有可能继续下跌，他们必须要给自己的错误留下一个回旋的余地，先买一部分，然后再看一看市场行情的走向，建立另一部分仓位。换言之，他们为了防范自己有可能出现的主观上判断错误，避免因股价持续走低让自己变得被动，他们必须留下足够的资金，用以防止行情变得更糟。他们深知，在一片熊市之中，没有人能够知道行情到底会跌到哪里，或行情还会不会持续下跌，所有的聪明人所能够预期的，也只是一个大致的范围，或市场未来几年的大致走向，没有人能够准确无误地知道行情接下来的走势。即便是一支50元的股票也有可能在一片熊市中跌到5元钱，这并不是什么不可能的事情。凡事留有余地，就是最重要的一个要则。

当然，如果你是一位短线投资者，在一片牛市中不断地重仓买入，你有可能会连续正确，十击十中，并以此而获得不菲的收益，可是我必须要告诫那些初入投机市场的投资者，即便是你连续十次正确，也不代表你已经掌握了投机制胜的要则。你必须知道，企图一击即中，而对有可能出现的错误疏于防范，最终会让你处于窘境。只有理性地审视时机，正确地理解时机，恰当地运用时机，才会让你的投机之路一帆风顺。

第十七章　对称理论是预测的工具吗？

Chapter17

在解释这个问题的时候，你需要先思考一下这个问题："你认为通过观察卫星云图来判断天气的阴晴是预测吗？"或者是："你认为农夫通过天上云气的不同征兆来判断未来天气的变化是预测吗？"

我想，如果你是一位理性而明智的投资者，你的回答应该是："不，这是通过云气变化的各种征兆，来分析未来天气有可能出现的变化。"

如果你是这样回答的，那么这个问题也就不言而喻了。对称理论不是预测市场的工具，它只是根据市场的运行规律来判断行情有可能出现变化的区域，或行情有可能出现的变化而已。

如果你打算正确地运用对称理论，你就必须放弃预测的观念，只有这样你才能够领会其中的道理，把握其中的要领，准确地运用其预示上涨和下跌的各种涨跌信号和阻力信号。

对称理论，实际上就是运用了市场中的循环规律，而归纳总结出的一种判断市场上涨和下跌的阻力位（区域）的工具，它弥补了趋势通道和趋势线等其他理论的一些无法"前视"的不足，让投资者能够非常直观地判断出未来行情在上涨和下跌的过程中，有可能会在哪些位置（区域）遇到阻力，乃至行情未来的顶部和底部究竟处于哪些区域之中。如果你是一位技术分析的高手，能够像运用趋势线、趋势通道以及其他有价值的行情走势形态那样运用对称理论，那么对称理论也必定会像指路的明灯一样，为你照亮未来的趋势"航向"。

相反，如果你是一位条件苛刻的预测者，总是在苛求自己能够丝毫不差地预测到未来行情的最高点和最低点，那么你就永远也无法掌握对称理论的使用要则。因为你们不合拍，在少数情况下，它可以准确无误地"预测"到一波行情未来的最低点或最高点，但它无法长时间恒定地满足你的要求。

所以我必须告诉你，除非你是个善于将分析和判断理解成预测的概念模糊的人，如果你是一名执著的、认为行情完全可以通过某种方法精确地预测到未来行情最高点和最低点、且总是愿意将市场的上涨和下跌与某种"神秘"的力量相互联系起来的狂热者，那么我必须让你放弃使用对称理论。对称理论只受行情波动时间和空间的制约，它不受神秘力量的支配，更与鬼神无缘。更何况，优秀的投资者根本就不相信有人能够持之以恒地准确预测行情的走势和一家公司的收益情况，即便是一家公司给出很多非常确凿的信息，也无法做到。

为了证明这一点，多年前，大卫·德拉姆曾经进行过一项研究，就是研究分析家预测的一致性，在研究中发现，所有的分析师每一年度预测的失误率为44%。他在研究中证明，这种预测误差，对于那些依赖预测进行交易的大众交易者来说，危害极大。为了进一步证明这种失误率的危害，他与他的助理米歇尔·博瑞合作进行了一项大规模、综合性的研究。这个研究的规模涉及500000个分析家在23年间的收益预测。但在统计中发现，这些预测即使按照华尔街的传统标准，加减5%的误差来判断预测的准确度，其准确率也是极低的，尤其是长期预测的准确率更低。只有29%的预测在任一单个季度与真实的结果差距在5%以内。在连续4个季度之中，收益预测的准确率为1：130。如果连续10个季度，其准确率只有1：200000。连续20个季度，其准确率达到1：500亿。这样的预测准确率，无异于博彩。即使不考虑那些消极因素导致的5%或稍大一些的影响，连续10个季度以内，收益预测的准确率按照1：150来计算。连续20个季度，其准确率也只不过是1：23000。即使将预测误差率扩大到加减10%，分析家单个季度的准确率达到47%，在未来4个季度之内，其准确率也会降低到1：21。连续10个季度，其准确率就会骤降到1：2000。如果连续20季度，其准确率为四百万分之一。正如大卫本人所言："这种预测几率让那些依赖收益预期的交易者在投资中摇摆不定。分析家这些超前的预测对投资者来说根本没有太大的帮助。这些预测的不准确性表明，基于分析家的预测购买和持有股票是多么危险。那些貌似正确的预测，实则包含着大量的不确定性和未知因素。未来的收益，并非是通过那些貌似科学的统计可以预测到的。"看来时间不但可以抹平指数，还可以抹平预测结果。所以，投资者如果想要在交易中盈利，就不能依赖预测。

我讲述对称理论的用意，是要保障我的所有交易都是在机会出现之时进行操作，而不是像个没头的苍蝇那样胡乱交易。它并不能告诉我明天行情会如何，但却能在行动上起一个指导作用，提醒我在哪些区域可能出现机会，在哪些区域可能会出现危机。

换言之，对称理论所起到的作用就是提醒我应该在哪里"守株待兔"，以及在什么时候应该"急流勇退"。所有的认为自己可以预测未来的人，基本上都把产生机会的类似征兆当成预测的依据，把可能当成一定。他们误认为行情在某种情况下，未来一定会如何如何。即，把大概率当成肯定的结果，把未来的必然相近的结果当成他们预测的成果。

综上所述，对称理论是建立在市场运行规律上的一种分析工具，它的作用就是为投资者指明行情有可能遇到阻力的区域，以及行情到达哪些区域有可能出现买卖机会。

第十八章　计算盈亏比例的重要性

Chapter18

我记得，在赌场中有一种唯一可以盈利的方法，就是赌客要学会计算盈亏的比例，在那些有可能由一个筹码换回三个以上筹码的机会中下注。赌客必须学会计算几率与赔率的差，即最高几率与最高赔付率的差，只有这两者都处于最高的时候，才是最好的下注时间，也就是那些赌场赢家所言的"最小几率与赔率差"。

在长时间的市场研究中，我发现，这一法则不但适合赌场，更适合投机市场。而在投机市场中亏损的人，无一不是忽略了几率与赔率之间的关系。他们不是在盈利的几率小于亏损的几率的高位买进，就是在一些赔付率远小于亏损率的跌势中试探底部，或在一片熊市中追波踏浪地抢反弹。

其实，在投机市场亏钱的最大原因，就是投资者不合时宜的举动和浮躁激进的情绪。在市场中，你可能会犯一千个错误，但忽略最高胜算的时机和最高回报的标的，都将导致你一事无成。

计算盈亏比例，在其他的技术理论中，可能根本就无法明确解决这个问题，但是在对称理论中，这却是一个必须要解决的基本问题。也就是说，你在应用对称理论进行一笔交易的之前，就应该先学会如何计算盈亏比例，把握最小几率与赔率差，只有这样你才能够明确地知道自己是否握有胜算。在现实中，你会深刻地体会到，运用对称理论来计算一笔交易的盈亏比例，不但可以判断出一波行情的盈利几率（上涨的概率），还可以判断出一波行情有可能会出现的利润空间（即赔付率），让你能够准确地把握最小的几率与赔率差，做到将最大的概率与最高的盈利率有机地结合起来，去做那些用一个铜板换回多个铜板的交易，而不是一个铜板只换取一个铜板的交易。

下面我们就来讲一下如何计算盈亏比例。

我们先来看一下图18-1-1和图18-1-2。

其中图18-1-1是广电电子（600602）2004年1月～2004年8月的日线行情走势图。图18-1-2是广电电子（600602）2005年5月～2006年5月的日线行情走势图。

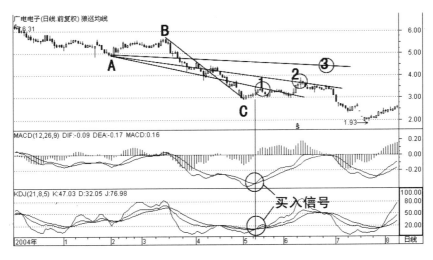

图18-1-1

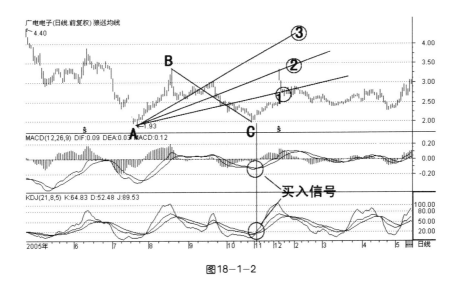

图18-1-2

　　从上面的两幅走势图中，我们可以看到，当出现图18-1-1中的买入点时，我们画出三条平分线之后就会发现，行情上涨的幅度严重受限，因为如果行情从低点C处上涨，在触到1/3平分线（1）处的3.40元附近形成上涨下压线，行情反转下跌的话，那么本波行情运行的幅度只有0.40元左右，我们的获利只有10%左右。但是如果行情走势不佳，一旦反转，当股价创下新低（我们也可以设定一个7%的止损标准），我们就止损出局的话，我们的止损幅度就是0.30元左右。即便它运行到1/2平分线（2）处下跌，我们的盈利幅度也只有0.50元，还不到15%。再退一步计算，我们假设股价上涨到2/3平分线（3）处开始下跌，股价达到4.50元，盈利也只有1.10元，如果再去掉一些税费，获利依然不到30%。但我在上面说过了，1/2平分线是最重要的一条阻力线，大多数情况之下，行情都会因为1/2平分线的压制出现反转。因为2/3平分线（3）并不是计算盈亏比例的重要依据，它只是一个最高盈利的参考依据。所以在计算盈亏比例的时候，最重要的参考依据就是1/2平分线（2）。

这充分说明，如果参入这样的行情，我们只能够用一个铜板换回一个铜板，根本就无法用一个铜板换回多个铜板。进行这样的交易，很显然无法持久地盈利。因为这样的行情信号概率虽高，也能够上涨，但盈利太少，属于回报率太小的类型。

而从图18-1-2中，我们就可以看到，情形完全不一样了。如果我们按照买入信号的提示，在信号区域买入的话，即便是行情运行到1/3平分线（1）处，股价也达到了2.70元左右，以2.30元做成本价，盈利也有15%以上。假如我们在行情创出新低时止损，或设置7%的止损幅度，当行情逆转向下的时候，我们也只是损失了7%。换言之，即便是行情在1/3平分线（1）处开始下跌，我们也可以用一个铜板换回两个铜板。但如果行情走势正常，到达了1/2平分线（2）处的时候，股价就会上涨到3.30元左右，按照2.30元的成本价格计算，盈利可以达到40%以上，这个盈利的幅度远大于图18-1-1中的那波行情的盈利幅度。如果行情涨势喜人，参考2/3平分线（3）处，我们可以看到，股价有可能会上涨到4元左右，盈利会达到70%以上，这可是一笔绝对丰厚的收益，是一波值得一搏的行情，因为我们可以用一个铜板换回将近4~10个铜板。

通过上面的讲述，我想你们该明白了，为什么大多数投资者总是在不断地亏钱，总是在小盈小亏中度过。因为他们都是不知道如何计算一波行情的盈亏比例，而总是迫使自己每一波行情都要参入，他们除了给自己的股票加油鼓劲之外，就是期望自己能交上好运，找到一支好股票，抓住一波好行情，让自己的钱包鼓一鼓。

综上所述，投资者在进行一笔交易之前，必须要先确定一下止损与盈利之间的比例关系，你必须要理性地计算一下一波行情从起点到上涨过程中的阻力点（区域）之间的幅度，看一看盈利是否大于三次以上的止损幅度。如果未来的盈利幅度远大于止损幅度，当出现了买入信号的时候，就可以出手一搏，否则还是小心为妙。

记住，永远把握最小几率与赔率差，当高概率的信号出现时，不要急急忙忙地买进，而是要先计算一下盈亏之间的比例，然后再决定是否出手。想要稳定地获取有把握的盈利，就必须要把计算盈亏比例当成交易之前的第一件事情，只有做好这件事情，你才能够知道自己进行的这笔交易是否合算，以及赢输的成果。只要你始终循着这条思路去交易，我相信用不了多久，你的交易绩效就会有很大的改观。

第十九章　是一次满仓还是逐步建仓？

Chapter19

前面我们讲过了，任何一个人都无法一击即中，无法持久、准确无误地击中目标。为了弥补交易中的这个不足，聪明的投资者会采用资金管理的方法来削弱一旦发生的错误对自己造成的伤害，所以他们通常都会像一名熟练司机，根据目前的路况准确地控制脚下的"油门"，平衡仓位与机会之间的关系。

在市场中混久了的老手，通常都会有自己对市场的感知和判断，他们往往会通过市场目前的走势状态来决定交易的数量。

无数的现实例子告诉我们，不择时机地盲目蛮干，终将无法达成所愿；不考虑现实情况意气用事，终究注定事倍功半。如果你不懂得根据市场的情况拿捏资金的力度，就会陷入两种境地：一种是行情上涨了，但你建立的仓位太少了；另一种就是行情下跌了，但你建立的仓位太多了。

有经验的投资者知道，自己也无法确定每一次的交易是否都能够满载而归，但即使这一次的交易一无所获，他们依然会信心百倍地面对下一次交易。因为他们知道，世界上根本就没有哪一次是必定胜利的，所以必须要认真地面对每一次交易，并且井然有序。

在交易的时候，如何拿捏资金的使用力度，是一项很重要的工作，那些缺乏经验的投资者通常会说："投机最重要的是要'预测'准确，之后就是重磅出击，运气好一点的话，就可以名利双收。因为有些成功的投资者曾经说过：'在自己有把握的时候全力出击'。"但我要告诉你的是："且慢！不要曲解了这句话的意思，'在自己有把握的时候全力出击'不等于要'预测'准确然后满仓持有。"

请记住一点，风险的大小不是依赖止损的多少，而是依赖投资者对仓位数量的控制。因为你无法控制价格，所以你只能控制仓位。在合适的区域持有合适的仓位，才是资金管理的精髓。

这意味着，如果你要持久恒定地在投机市场中生存乃至获利，你就必须学会巧妙地分配资金，以及如何分兵作战。

曾几何时，我想了很多种方法来探求如何科学地使用有限的资金，以确保资金使用的有效性。

赌博虽然是一种毫无规律的博弈，但是仍然有赢家的存在。在听世界赌王的一席话时，我方才明白，原来所有的人并不是输给了赌场，而是输给了自己，输在不懂如何合理而科学地分配筹码，以及在什么样的赌局中下多大的赌注。

赌场上的赌规没有什么神秘的，只是在于庄家设定的赌规，使得赢率大大地倾向于赌场。即，赌场是靠得赌规赢了赌客，同时赌客也只是因为赌规输给了自己。赌场赢家研究的是在什么时候下多少注最合适，在什么时候才敢于乘胜追击，而输家则一门心思地想要多下注赢大钱，但往往事与愿违。

偶尔的，他们可能会赢，并且每天都有赢的人。但是赌场并不害怕，因为在赌规面前，这些钱只不过是在那些人的口袋里装了一晚上。只要他们还来，这些钱定会加倍奉还。赢对他们来说只是暂时的，输的命运依然会敲响他们的大门。更何况，这一次的赢，也会让他们得意忘形、贪欲乍起，直到歇斯底里地输光为止。

但是赢者相反，他们知道赌场的赌规，也给自己立下赌规，这些赌规无非是如何在恰当的时候合理地分配筹码，以及在什么时候下多大的注码。因为他们知道，仅靠囊中羞涩的那几个钱，企图通过毫无理性地赌几把来达到暴富的目的，显然是惹火烧身。

从这些智者的经验中，我终于领会到了资金使用的真谛。我要建立战胜市场的资金使用规矩，那就是在有胜算的区域下合理的赌注，并且步步为营。这使我的资金管理理念有了一个新的提升，不再是以前那种不分辨行情的形势，任何一个机会都坚持持有一样的仓位和分几份的死板的方法，而倾向于分辨胜算的高低和根据胜算的高低确定合理的仓位，之后再根据市场的变化在正确的地方逐步加码。因为有的区域可能只适合建立10%的总仓位，有些区域可能适合建立20%的总仓位，还有的区域可能适合建立30%的总仓位，如果行情运行良好的话，我就会乘胜追击，再建立另一个仓位。

这么多年来，从那些成功的投资者那里，我看到了一个相同的现象，那就是他们从来就不会一次性地建立起所有的仓位，他们永远保持谦虚，永远都提前想好了应对市场最坏变化的打算。他们与那些失败的投资者有很大的不同，在现实交易中我发现，大多数亏损的投资者都像赌徒一样，只要他们认为自己看准了，就会毫不犹豫地将自己的资金全部投入到一次交易之中，他们从来就没有考虑过一旦亏了怎么办，他们永远都认为自己看准了，当他们将自己的资金投进去以后，就是每天紧张兮兮地看着盘面的变化，追问专家的意见，甚至求神拜佛。他们不知道，在投机市场中唯一能够庇佑他们的，就是正确的方法和良好的交易心态，而不是求神拜佛。

投机者谨记：不要把任何一个机会看成是特殊的，从而倾囊而出。你必须随时保持谦卑，那些看到任何机会都要全部满仓的投资者，不可能长久地在投机市场中生存。要想在风险莫测的投机市场中生存，你必须要学会细水长流和步步为营，因为你根本就无法确定目前的机会会不会在中途夭折，所以只有学会逐步建仓，才能够确保你一旦判断错误损失会是最小的。

第二十章　错了，就出来！
请遵循2%亏损法则！

Chapter20

在做一件事情之前，你必须先衡量一下，你有没有能力承受这个后果。这是聪明人做事的一条基本准则。同样，如果你想做一名聪明的投资者，在你进行一笔交易之前，就必须先衡量一下你能不能承受有可能出现的损失。

换言之，如果你想做一名聪明的投机者，你就必须对市场抱有敬畏之心，以"有错误"的态度来对待你的每一次交易。即你必须要假设自己会出错，在投入之前就要考虑到你的投入会出错误，并以"有错论"来看待自己的每一笔交易，而不是抱着"我能行""我一定对"之类的轻薄之心。

在投机市场中，没有人会因为你有大志而佩服你，所有的人都只相信成绩，即你能否长期稳定地获利。即便你再有信心，你也必须不断地审视自己当初的判断会不会出错，一旦发现自己当初的决定是错误的，就必须马上更正，而不是一旦决定就不管行情的变化，以"我有信心"为借口，忽略市场的变化，自以为是地盲目坚持原则。

能言善辩在投机市场中毫无价值，再漂亮的言语也挽回不了你失去的财富，把好听的语言和你那一千个借口统统变成审视自我的动力，你才有成功的可能，因为在投机市场中，最重要的就是要不断地认知错误，不断地处理错误。你必须知道，一旦进入投机市场，你就会不断地犯错。

一开始的错误，通常来自于知识的缺乏，随后你的错误就是心灵上的失控，然后就是判断上的失误。

对于知识缺乏的人来说，要想准确地判断或做出自己的决定尤其困难，因为他们根本就不知道什么是对、什么是错，他们也通常会把一些错误的谬论当成真理信奉。而心灵上的失控主要来自于人类情绪上的波动、冲动、浮躁、贪婪等，这些都会影响着你的决定，你会因为这些情绪上的干扰，而对那些残酷的、明睁眼漏的现实视而不见，莫名其妙地去干一些让人费解的事情，并且义无反顾。

相对于上面的两种错误，通过努力的学习和深入的研究，再加上时间的磨炼，不断地积累经验教训是完全可以避免的。但判断上的错误即便是你经验十足也无法完全避免，因为行情的走势向来都是扑朔迷离、飘忽不定的，没有坚定的信念、没有深厚的功力、没有成熟的观念是无法弥补这种不足的。知识和经验虽然可以提高你的判断力，但却无法避免错误的发生，错误本来就是交易的一部分，有经验的投资者通常都会为自己的判断留下一定的回旋余地，以防自己判断失误陷于被动。

在进行一笔交易之前，你必须假设自己的判断是有错误的，就像是有人控告你有罪，你就必须要不断思考如何举证你无罪一样。只有抱着应付"有罪论"的心态，你才会摆脱将来有可能出现的一大堆麻烦。

在运用对称理论之前，你必须先知道在使用对称理论研判行情的时候，是以什么标的来止损的，只有这样才能够准确地计算出合理的止损和应该持有的仓位，并遵循2%亏损法则。

我想我有必要先阐述一下什么是2%亏损法则。

2%亏损法则的前提就是，无论止损幅度多大，你都不能够一次性亏掉总资金的2%。如果你的总资金是10万元，你的止损幅度是10%，那么你初始仓位建仓的资金量就应该是2万元以内，这就意味着一旦亏损你的损失就会大于总资金2%的幅度。如果你的止损幅度是20%，那么你的初始仓位建仓资金就应该是1万元，其他依此类推。

下面我们就来讲述一下，在对称理论中如何止损以及如何确定资金量，确保自己能够遵循2%亏损法则。我们先来看一下图20-1-1和图20-1-2。其中图20-1-1是郑州煤电（600121）2008年10月～2009年5月的日线行情走势图。图20-1-2是郑州煤电（600121）2005年4月～2006年8月的日线行情走势图。

从上面的两张图示中，我们可以看到，当行情经过一轮上涨一后，被BC行情的1/2平分线支撑，形成上涨信号的时候，就是我们买入的时机。按照买卖相关的止损法则，我们就可以知道，当我们建仓以后，如果行情反转向下跌破1/2平分线（AD）的时候就是我们的止损时机。按照技术交易的风险控制惯例，我们必须要在行情跌破1/2平分线（AD）之时止损出局。换言之，我们在建仓的同时，就已经确定了止损的幅度和标准。按照这个标准，我们就可以根据我们的止损幅度，来计算我们的仓位数量了。

从图20-1-1中，我们可以看到，如果我们按照信号买入，在信号发出的时候建仓，那么买入的价格成本就是5.50元左

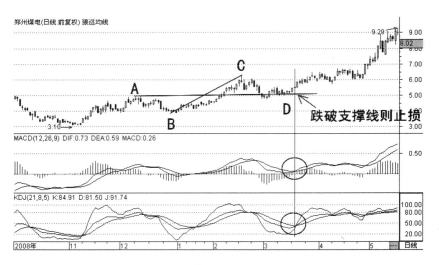

郑州煤电(日线.前复权) 狼巡均线

图20-1-1

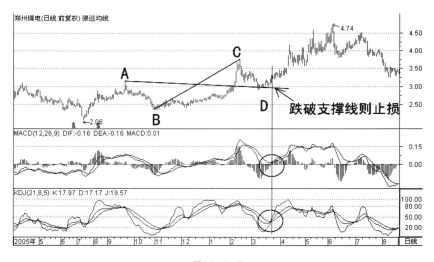

郑州煤电(日线.前复权) 狼巡均线

图20-1-2

　　右；如果股价跌破BC行情的1/2平分线（AD）我们就止损的话，那么止损价位就是5.00元左右，止损幅度将近10%。如果你是一位长线投资者，那么你建立初始仓位时最保险的资金使用额度就应该是2万元。

　　我们再来看一下图20-1-2中所示的止损幅度。

　　从图20-1-2中我们可以看到，如果我们按照图中的信号买入建仓的话，那么买入的价格成本就是3.30元左右；如果股价下跌，跌破BC行情的1/2平分线（AD）时我们就止损的话，那么亏损幅度就是0.30元左右，也是10%的止损幅度，初始仓位资金量也应该是2万元左右。

如何才能够既提高仓位资金量，又能够遵循2%亏损法则呢？有两种方法供你参考：第一种方法就是逐步试探建仓法，第二种方法就是时机交错建仓法。

我们先来讲述第一个方法——逐步试探建仓法。

所谓逐步试探建仓法是指，当你想集中火力针对一只单独的股票时，如果行情在BC的1/2平分线（AD）上方止跌企稳之时，就开始先建立总资金10%的仓位（5000元～1万元），若行情走势稳健没有下跌，再继续建立另外10%的仓位，这样你的仓位止损幅度就会大幅下降。从上面的图示中，我们可以看到，在MACD指标和KDJ指标发出买入信号之前逐步买入的话，持仓的平均成本在图20-1-1中是5.30元以下，在图20-1-2中是3.20元以下，这样止损的幅度就降低了将近30%左右。在这种情况之下，如果MACD指标和KDJ指标出现买入信号的时候，你就可以再增加10%的资金仓位，这样你的初始仓位就达到了总资金的30%左右，这样行情一旦反转，你先前建立的20%仓位的止损幅度只有6%左右，止损的资金是1200元左右，而后来的10%仓位的止损幅度是10%左右，止损资金是1000元左右，这样你的仓位虽然扩大了10%，但总的止损幅度并没有多大变化，基本上还是2%左右。在这种情况下，如果行情继续上涨，当你有了一定的利润，有了能够抵挡住加码之后出现的亏损时，就可以加码操作，保持你的优势。但别忘了，无论在什么位置加码，你都必须保证，一旦行情下跌，止损出局的时候还是2%的总亏损，这个标准是不能变的。

而时机交错法是指，如果你关注的是多支股票，那么你就需要分兵作战了。我们还用10万元的资金来打比方。

比如，你看好了3支股票，那么你有两种办法：第一种办法是将你的资金分成3份，每份3万元，然后，根据每支股票的走势情况决定不同的仓位，走势好的建立1万元左右的仓位，走势不好的安排5000元左右的仓位，这样只要你能够控制好开始建仓的3支股票的资金仓位不超过总资金的30%，总的止损幅度不超过2.5%，你的风险基本上就是可控的，但超过了总资金的3%，你的风险就大了。第二种办法就是，你要先区分哪支股票有可能强于大盘上涨，哪支股票有可能与大盘同步上涨，哪支股票有可能稍后于大盘上涨。换言之，你必须要区分这3支股票的强弱之后才能够决定如何分配仓位的数量和建仓时机（因为受本书篇幅限制，有关于区分个股于大盘的强弱的方法请参照我的另一本书《如何选择超级黑马》），然后先建立第一个强于大盘的股票的10%的初始仓位，等第一个强于大盘的股票上涨了之后，再建立第二个与大盘走势相当的股票的初始仓位和第一支股票的第二个仓位，如果这时候行情下跌了，你的止损依然是2%，因为你第一支股票的第一个仓位已经盈利了，即便是下跌，也不会出现亏损了，而第一支股票的第二个仓位和第二支股票的第一个仓位的建仓止损幅度都是1000元，共计2000元。你的风险依然没有扩大。接下来，当前两支股票的仓位都盈利了以后，再建立第一支股票的第三个仓位和第二支股票的第二个仓位以及第三支股票的第一个仓位，然后等第一支股票的第三个仓位和第二支股票的第二个仓位以及第三支股票的第一个仓位都盈利之后，再开始建立第二支股票的第三个仓位和第三支股票的第二个仓位，然后依此类推，直到建完第三支股票的第三个仓位为止。这样你已经将资金分配开了，即便是行情反转向下了，只要你按照逐步试探建仓法，把握好建仓的数目，你的止损幅度依然会在2%以内。

在现实交易中，有时候你未必会将所有的仓位建满，行情中途夭折的话，你可能还没有将手中的资金用完就面临出局，这是很正常！请不要误认为目前的机会一定会让你建完所有的仓位，再好的方法也要有行情的支持。

当然，上面的方法只是一个指导性的标准和方法，投资者应该根据上述的止损思想，在现实当中变通应用，你完全可以根据自己的把握度来确定每支股票的建仓力度和止损幅度，但请谨记，尽量不要让你的止损过多地脱离这个标准。

第二十一章　是快速出局还是逐步出局？

Chapter21

新手在交易的时候，通常都会一下子满仓买进，然后再一下子全部平仓，但通常他们在慌慌张张地卖出之后却发现，行情在继续上涨攀升。与此不同的是，有经验的投资者知道，既然自己不能够一击即中，一次性买在最低点，那也无法一击即中地卖在市场的最高点。所以，他们通常都会为了避免自己盲目地买进卖出，而采取逐步建仓和逐步平仓的方法。

记住，担心利润失去，总会让人匆匆忙忙地卖出正在上涨中的股票。匆匆忙忙之中，往往会导致不该有的错误；对盈利的预期过于强烈，就会使人产生不理性的预期。

很多新手都会对盈利的预期过高，他们通常都会认为投机操作是一件盈利很快的事情，并在入市之初就抱定了一年赚几倍收益的想法，少数的暴富神话让这些入市不深的新手产生了不理性的预期，特别是那些运气不错的新手，他们在牛市中赚了一点钱之后，就开始了更加不理性的预期，一朝暴富的想法，让他们忘却了风险，忘我地买进卖出，而满仓进、满仓出就是他们唯一的手法。但这种急功近利的交易方法，最终会让他们付出惨痛的代价！当行情逆转之时，他们往往会对风险熟视无睹，继续大量买进，直到全军覆没。但当行情正在持续上涨的时候，他们又会因为担心失去到手的利润而匆匆卖出，丢掉了本应到手的财富。这种行为不仅会让他们倾家荡产，也会摧毁他们的自信心。

现实当中就是这样，当行情不断上涨的时候，那些不成熟的投资者总是在担心行情到顶，希望自己尽快卖出，能卖在最高点上。当行情不断下跌的时候，他们又总在担心行情到底，买不到最低点。他们总是会在行情不断探底的时候错误地买进，然后在行情不断上涨的时候错误地卖出。

投资者必须知道，在投机市场中，没有人能够准确无误地卖在最高点，也没有人能够准确无误地买在最低点，这是世界上最不靠谱的期望。你必须知道，在你买进之后，行情很有可能会持续下跌；在你卖出之后，行情很有可能会持续上涨。这很正常！你没有必要为了卖不到最高点和买不到最低点而叹息，也没有必要因为失去些许盈利而痛惜。我想没有人会因为自己猜测不到明天的大雨从什么时候开始，到什么时候停止而苦恼的，那又有什么理由因为无法预料到行情涨跌的最高点和最低点而苦恼呢？

所以，最好的方法不是如何买在最低点、卖在最高点，而应该假设自己卖出了之后行情继续上涨，走得更高怎么办？如何避免？或行情走势继续变弱，股价更低怎么办？如何防范？

还记得我们在讲述止损的时候提到过一个"有错论"吗？就是你在进行一笔交易之前，必须先假设你会错，之后再开始围绕如何补救可能出现的错误而思考对策，然后将这些对策当成计划中的一部分，如果现实真的被你言中了，一切也都在你的意料之中。讲到这里，我想你应该会有一个大致的出局框架了，那就是不要认为自己能够一次性卖对，你必须要先假设自己会犯错误，并为自己有可能出现的错误留下一定的回旋余地，以避免自己一旦判断错误而束手无策、痛失良机，而不是用"不悔"来掩饰自己的鲁莽。

所以，在卖出的时候，最好的方法就是逐步出局，并确定最终平仓的具体标准。比如，行情经过一轮大幅上涨之后，如果向下跌穿5MA或20MA平均线，就属于一个减仓信号，这时候，我们要先将仓位减掉30%。如果行情没有反转，而是继续向下运行，当5MA平均线向下击穿10MA平均线，或5MA平均线和10MA平均线向下击穿20MA平均线，并形成向下发散的时候，就属于第二个卖出信号，我们就可以再减掉20%或30%的仓位。如果行情持续下行，下穿了60MA平均线的时候，就属于第三个卖出信号，当然你也可以在此时全部平仓，然而，如果你还想继续持有部分仓位，不打算就此平仓的话，那么当行情跌穿120MA平均线的时候，就是你的最后平仓信号，也是你的最后一道防线，当此信号出现的时候，你的手中应该持有的是货币，而不是股票。因为当这样的行情出现了的时候，通常意味着行情已经步入熊市之中了，属于不宜买入和持有的信号。

　　上面就是一个逐步平仓的信号过程。但很多数情况之下，行情都并不会一次性地出现所有的信号，它会在这其间的某一个信号处反转向上，当遇到这样的情况时，我们就可以继续持有其他仓位扩大战果，直到行情再次出现卖出信号。

　　换言之，我们必须逐步平仓，以防一次性卖出之后，行情持续上涨。无数的事实告诉我们，当我们卖出所有仓位的时候，行情仍会陡直向上，而只有逐步平仓，才可以削弱这种情况给你带来的挫折感。

　　在我出版了《对称理论——市场运行的自然法则中》之后，很多读者都来信询问对称理论的一些运用要则，希望我能够再出一本书，专门针对股票市场投机的对称理论，更加详细地讲解一下对称理论的使用要则和实战技巧。在这本书中，我就围绕读者们所最关心的和迫切希望的，从多个方面来详细地讲解了对称理论的实战技巧和应用要则。希望它能够为你的投资生涯带来一点方便，起到一定的积极作用。

　　对称理论是我比较常用的一种工具，从我发现它到确立它，然后到应用它，所有的过程都很让我满意。没有事实做基础的话，是不能让人信服的。下面的三幅图曾是我在网络学习论坛上发布的一些后市判断实例。第一幅图是我在2009年8月14日发布的行情预警。从现实的行情走势来看，那时候的判断是正确的。至今天截稿时（2009年11月14日），上证指数已

经运行在3100点以上。

　　第二幅图是我在2009年7月10日发布的上一轮行情上涨的阻力位，虽然点位有点出入，但基本上并没有太大的误差。我在2009年7月12日再一次调整了预判的结果，我们可以从第三幅图中看到，上一次行情上涨阻力位的预判并没有出现错误。

　　可能有的朋友会问，那么这一波行情上涨之后又会上涨到哪里呢？或者说本轮上涨行情的阻力位在哪里呢？我的回答还是三条阻力位，如果这三条线不能够成功地成为本轮行情上涨的阻力线，那就请注意时间上的对称性。比如28个月的对称倍数中的14个月、21个月、28个月、35个月、42个月、49个月、56个月等。不用我说，如果你认真地研究过本书，你也应该知道。

　　我还曾经在《对称理论——市场运行的自然法则中》中的

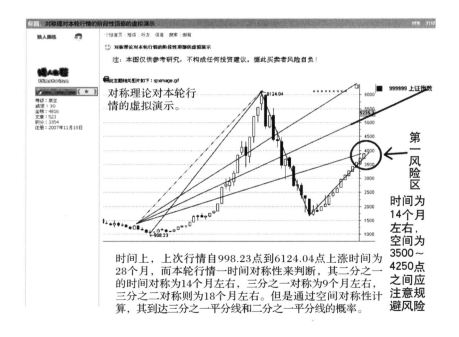

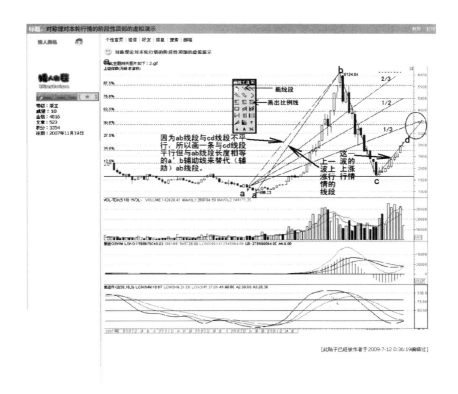

第九章做过2007年行情下跌的虚拟未来行情，事实上，预判的结果基本正确。那上面曾这样说过："综上所述，如果行情跌破平分线（2）持续下跌，那么行情在经过16个月左右的下跌，指数很有可能会下跌到1500点～1800点之间，如果行情下跌到这一区域，就属于长期投机者逐步建仓的时机。"

事实上，自2007年10月上证指数从最高点6124.04点下跌之后，是经过了12个月左右的下跌到达了1664.63点开始止跌反升的，而我在2007年的9月左右开始逐步建仓，一直建到11月下旬左右，目前这些股票我依然持有。

书中所描述的都属于我个人对市场的一些认识，难免有不妥之处，希望能够得到广大读者的指正，也希望各位前辈能够不吝赐教。

最后，感谢张道军先生在本书写作过程中所给予我的极大帮助，也对智品书业和万卷出版公司的各位同仁的努力付出，谨致衷心的感谢！

冷风树

2009年10月30日

"引领时代"金融投资系列书目

序号	书名	作者	译者	定价
世界交易经典译丛				
1	《我如何以交易为生》	（美）加里·史密斯	张轶	42.00元
2	《华尔街40年投机和冒险》	（美）理查德·D.威科夫	蒋少华、代玉簪	39.00元
3	《非赌博式交易》	（美）马塞尔·林克	沈阳格微翻译服务中心	45.00元
4	《一个交易者的资金管理系统》	（美）班尼特·A.麦克道尔	张轶	36.00元
5	《非波纳奇交易》	（美）卡罗琳·伯罗登	沈阳格微翻译服务中心	42.00元
6	《顶级交易的三大技巧》	（美）汉克·普鲁登	张轶	42.00元
7	《以趋势交易为生》	（美）托马斯·K.卡尔	张轶	38.00元
8	《超越技术分析》	（美）图莎尔·钱德	罗光海	55.00元
9	《商品期货市场的交易时机》	（美）科林·亚历山大	郭洪钧、关慧——海通期货研究所	42.00元
10	《技术分析解密》	（美）康斯坦丝·布朗	沈阳格微翻译服务中心	38.00元
11	《日内交易策略》	（英、新、澳）戴维·班尼特	张意忠	33.00元
12	《马伯金融市场操作艺术》	（英）布莱恩·马伯	吴楠	52.00元
13	《交易风险管理》	（美）肯尼思·L.格兰特	蒋少华、代玉簪	45.00元
14	《非同寻常的大众幻想与全民疯狂》	（英）查尔斯·麦基	黄惠兰、邹林华	58.00元
15	《高胜算交易策略》	（美）罗伯特·C.迈纳	张意忠	48.00元
16	《每日交易心理训练》	（美）布里特·N.斯蒂恩博格	沈阳格微翻译服务中心	48.00元（估）
实用技术分析				
17	《如何选择超级黑马》	冷风树	——	48.00元
18	《散户法宝》	陈立辉	——	38.00元

19	《庄家克星》（修订第2版）	童牧野	——	48.00元
20	《老鼠戏猫》	姚茂敦	——	35.00元
21	《一阳锁套利及投机技巧》	一阳	——	32.00元
22	《短线看量技巧》	一阳	——	35.00元
23	《对称理论的实战法则》	冷风树	——	42.00元
24	《金牌交易员操盘教程》	冷风树	——	48.00元
25	《黑马股走势规律与操盘技巧》	韩永生	——	38.00元
26	《万法归宗》	陈立辉	——	40.00元

图书邮购方法：

方法一：可登陆网站www.zhipinbook.com联系我们；

方法二：可将所购图书的名称、数量等发至zhipin@vip.sina.com订购；

方法三：可直接邮政汇款至：

北京朝阳区水碓子东路22号团圆居101室　　邮编：100026 收款人：白剑峰

无论以何种方式订购，请务必附上您的联系地址、邮编及电话。款到发书，免邮寄费。如快递，另付快递费5元/册。

请咨询电话：010-85962030 （9：00-17：30，周日休息）

邮购信箱：zhipin@vip.sina.com　　网站链接：www.zhipinbook.com

丛书工作委员会

本书工作委员会

智品书业
ZHIPIN BOOKS